ISBN 978-3-649-61442-5

© 2013 Coppenrath Verlag GmbH & Co. KG,
Hafenweg 30, 48155 Münster, Germany
© an den Texten bei Hans Kruppa 2013

Grafische Gestaltung von Manuela Altrichter

Printed in China
www.coppenrath.de

Hans Kruppa

Goldene Weisheiten fürs Leben

Gedichte, Gedanken & Geschichten

Mit Illustrationen von Anne Weigel

COPPENRATH

INHALT

I. GLÜCK UND FREUDE

Magischer Zirkus	12
Glück kommt gern unverhofft	14
Geschenke des Glücks	16
Der eigene Schatten	17
Glück erfordert Mut	18
Das Glück	20
Glück und Geist	21
Der Glückliche kennt keinen Neid	22
Geh deinen eigenen Weg	24
Der Gärtner	25
Glückskompaß	28
Die Wirklichkeit	29
Die Freude der Seele	30

II. LIEBE UND DANKBARKEIT

Ein weiser Weg	34
Gastfreundschaft	35
Das Pappmaché-Pferd	36
Erwarte nichts	40
Echte Liebe	41
Diesmal ist es ernst	42
Definition	44
Die Natur der Gefühle	45

Die Liebe   46

Die wahre Liebe   49

Liebe ist wichtiger   50

Liebe hat tausend Augen   51

Und wir flogen   56

Wahrer Reichtum   58

Die richtige Antwort   59

III. FREUNDSCHAFT UND DIALOG

Ein Maßstab der Freundschaft   62

Selbstvergessenheit   64

Eine Frage des Gleichgewichts   65

Freundschaft braucht ein weites Herz   66

Wähle gut aus   68

Die Schätze der Stille   69

Eine seltsame Art   70

Die bessere Wahl   72

Ein großes Glück   73

Der Rat der Mutter   74

IV. GLAUBEN UND VERTRAUEN

Gerade deshalb   78

Glaub an dich   79

Der Gläubige und der Atheist   80

Gerade dieser Glaube   82

Glaube an deine Wünsche   83

Eine andere Art zu beten 84

Vertraue dir 86

Vertrauen heilt 87

Glaube an das Leben 88

Die Friedensverhandlung 89

Glauben 94

Vertraue dir 95

V. Suchen und finden

Lache ganz einfach 98

Suche das versteckte Gute 99

Die Rose 100

Unsere Träume 102

Das erreichte Ziel 103

Wenn Worte überflüssig werden 104

Eine Frage der Zeit 105

Das letzte Lächeln 108

Der dritte Weg 110

Die versteckten Spiegel 111

Vom Nichtversuchen und Gelingen 112

VI. Probleme und Lösungen

Die Gesichter des Verstandes 116

Die alte Frau und ihr Gott 117

Nutze den richtigen Augenblick 118

Kluge Fragen 119

Erfahrungssache 120
Der Rachefeldzug 121
Prioritäten 122
Der nicht abgeschickte Brief 123

VII. WEISHEIT UND LEBENSKUNST

Ein Geheimnis der Lebenskunst 132
Lebe das Eigentliche 133
Der Weg zur Glückseligkeit 134
Innere Weisheit 136
Merkmale höchster Weisheit 137
Anpassung 138
Die Einstellung entscheidet 139
Die Gedanken und die innere Stimme 140
Der Weg der Lebenskunst 142
Eine seltene Gabe 143
Ohne Wenn und Aber 144
Eine befreiende Kraft 146
Humor 147
Wenn es ernst wird 148
Die Kraft der Weisheit 149
Was Lebenskunst heißt 150
Was man braucht 151
Lebensweisheit 152
Ein Muß 153
Die Wichtigkeit des Mutes 154

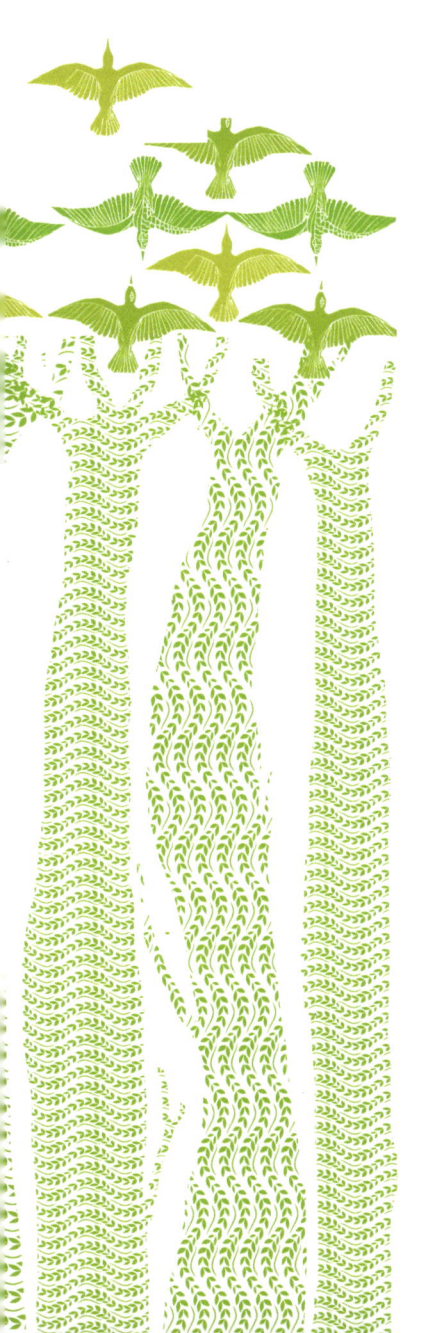

GLÜCK UND FREUDE

MAGISCHER ZIRKUS

Kommen Sie näher,
treten Sie ein in den magischen Zirkus,
nehmen Sie Platz auf der Höhe Ihrer Träume –
und – sehen Sie, es geht schon los!

Ein Zauberkünstler macht
aus Mücken Elefanten,
die Riesenseifenblasen
aus ihren Rüsseln trompeten,
um schließlich spurlos in ihnen zu verschwinden.
Jongleure zünden Lichter
in den Augen der Kinder an,
wirbeln sie durch die Lüfte,
und zwei dressierte Seehunde singen im Duett.
Vier Löwen spielen Tatzentennis,
Pinguinpaare tanzen Wiener Walzer.

Ein bunt bemalter Zeppelin
landet in der Manege,
und ihm entsteigen Luftpiraten,
die farbenfrohe Bilder aus ihren Pistolen schießen.
Zu einem Trommelwirbel
steigt der Mann im Mond

in seinem glitzernden Pyjama
winkend von der Himmelsleiter,
umarmt den Zirkusdirektor,
wirft Kußhände und Zauberbonbons
ins jubelnde Publikum.
Dann ruft er lachend:
„Träume – bevor sie erfüllt werden,
müssen sie erst erfühlt werden!"

Und aus dem Paradies
kommt ein Telegramm –
schreibt sich selbst mit Geisterhand
in den Manegensand:
„Ankomme jeden Augenblick,
in dem Ihr Euch im Lebensfest
total vergeßt!"

GLÜCK KOMMT GERN UNVERHOFFT

Eine Frau saß auf ihrem Sofa, dachte über ihr Leben nach und wunderte sich, wie schnell doch ihre Kindheit und Jugend vergangen waren: wesentlich schneller, als sie sich das vorgestellt hatte.

Sie stand in der Mitte ihres Lebens und hatte das ungute Gefühl, die zweite Hälfte ihrer Lebenszeit würde weniger schön werden, als die erste es gewesen war. Denn in ihren jüngeren Jahren war ihre Seele von Träumen inspiriert gewesen, die ihr wunderbare und intensive Erlebnisse schenkten, auch wenn die meisten von ihnen sich nach und nach als Illusionen entpuppt hatten.

Diese Erkenntnis betrübte sie und machte sich in allen Winkeln ihres Gemütes breit. Um auf andere Gedanken zu kommen, beschloß sie, einen Spaziergang im nahegelegenen Park zu machen.

Doch die besänftigende, erfrischende, aufheiternde Wirkung, die der weitläufige Park mit seinen hohen alten Bäumen und gewundenen Wasserläufen immer auf sie hatte, blieb diesmal aus, als wollte die Traurigkeit über die Unwiederbringlichkeit der verlorenen Zeit nicht aus ihrem Herzen weichen.

Als sie schon enttäuscht auf dem Rückweg zu ihrer Wohnung war, öffneten sich überraschend die Wolkenschichten am Himmel. Die Sonne strahlte warm und hell auf den Park hinab und tauchte alles in ein freundliches, warmes Licht.

Die Frau blieb unwillkürlich stehen, hielt den Atem an und hob den Blick.

Und plötzlich, von einem Moment auf den anderen, sah sie die Erhabenheit der weißen Wolken am Himmel, entdeckte die Schönheit der Blumen am Wegesrand, genoß die majestätische Pracht der alten Bäume. Und ganz tief in ihr veränderte sich etwas.

Unverhofft fiel ein Schleier in ihrem Bewußtsein. Sie spürte ganz deutlich das Glück, das sie umgab, in sie einfloß und sie erfüllte. Und sie erkannte, daß sie dieses Glück einfach nur deshalb nicht wahrgenommen hatte, weil sie zu sehr und zu intensiv mit der Trauer über ihre verlorene Jugend beschäftigt gewesen war.

Es mag ja sein, dachte sie, daß die erste Lebenshälfte besser als die zweite ist, aber wenn ich mir diesen Gedanken zur Gewohnheit mache, übersehe ich die Sehenswürdigkeiten und verpasse die Glücksmöglichkeiten, die mir die zweite Lebenshälfte bieten wird.

Während ein Lächeln sich auf ihr Gesicht legte, stieg vom Grund ihrer Seele ein Gefühl auf, das sie sanft bei der Hand nahm und zu einer Erkenntnis führte, die ihr Lächeln noch verstärkte: Glück ist der Blick hinter den Schleier der gewohnten Wahrnehmung, der Blick hinter die Kulissen des Alltäglichen, der Blick ins Herz des Lebens.

GESCHENKE DES GLÜCKS

Skeptiker bleiben oberflächlich
in ihrem Empfinden,
weil ihr immer argwöhnischer Verstand
ihnen völliges Vertrauen verbietet –
zu einem Menschen, zum Leben.

Wer im Haus der Begegnungen
den Raum des Glücks betreten will,
muß seinem Herzen folgen und
über die Schwelle der Zweifel gehen.

Denn das Geschenk des Glücks
legt das Leben nur in vertrauensvolle Hände.

DER EIGENE SCHATTEN

Entscheidend für dein Lebensglück ist,
daß du in allen Dingen das richtige Maß findest.
Das Maß, das deinem Wesen entspricht.
Dafür mußt du dich selbst gut genug kennen.
Deshalb ist Selbsterkenntnis der erste Schritt
auf dem Weg in ein Leben, das wirklich deins ist.

Höre nicht auf, dich zu fragen, wer du bist,
wie das Leben dich haben will,
und setze die Antworten in die Tat um,
auch wenn es dir schwerfällt.

Manchmal muß man über
seinen eigenen Schatten springen,
um zu sich selbst zu finden.
Und hinterher stellt man oft fest,
daß dieser Sprung gar nicht so schwierig war,
wie man ihn sich vorgestellt hatte.

GLÜCK ERFORDERT MUT

Eine Frau saß mit einem guten Freund, dessen tiefes Lebenswissen sie schon immer bewundert und geschätzt hatte, im Garten und fragte ihn spontan: „Warum können wir Menschen nicht so glücklich sein wie die Vögel?"

„Woher willst du wissen, daß die Vögel glücklich sind?" fragte er.

„Nun, wenn ich sie beobachte, empfinde ich es so. Sie wirken so heiter und fröhlich, voller Energie und unbeschwert."

„Ich sah neulich einen Vogel in einem Baum sitzen", sagte der Freund, „der ziemlich unglücklich aussah. Er hockte stumm und starr auf einem Ast, als hätte er das Singen und Fliegen verlernt."

„Dann frage ich dich einfach", sagte die Frau, „warum wir Menschen nicht glücklich sein können."

„Wir können es, aber sehr viele Menschen wollen es gar nicht. Sie haben Angst davor, glücklich zu sein. Denn wenn man glücklich ist, hat man sehr viel zu verlieren – nämlich sein Glück. Sie gehen an das Leben heran wie eine junge Frau, die sich in einen jungen Mann verliebt hat, aber ihre Gefühle unterdrückt, weil sie Angst davor hat, verletzt, verraten und verlassen zu werden. Sie versagt eine glückliche Gegenwart, um eine möglicherweise unglückliche Zukunft zu vermeiden. Sie hat nicht verstanden, daß das wahre Leben nur in der Gegenwart stattfinden kann. So wie sie sind viele Menschen. Sie bevorzugen das Gewohnte, das Sichere, auch wenn es sie deprimiert und traurig macht. Sie leben nach dem Motto: Lieber das bekannte Unglück als das unbekannte Glück. Aber was wolltest du mich eigentlich fragen?"

„Warum ich nicht glücklich bin", gestand die Frau.

„Ich habe dir bereits die Antwort gegeben", sagte ihr Freund. „Wer das Glück gewinnen will, muß die Angst überwinden, es wieder zu verlieren. Glück erfordert Mut. Den Mut, die Dinge zu tun, die dich glücklich machen, und die Dinge aufzugeben, die dich unglücklich machen."

„Das klingt so einfach", sagte die Frau.

„Das ist es auch", erwiderte ihr Freund. „Aber der Mensch ist das einzige Lebewesen der Welt, das sich das Leichte schwermachen kann."

DAS GLÜCK

Das Glück kommt und geht,
doch es kommt eher
in ein offenes Herz
als in ein verschlossenes,
es kommt eher
zu einem Optimisten
als zu einem Pessimisten,
es kommt eher
zu einem Sehnsüchtigen
als zu einem Selbstsüchtigen –

aber ob und wann es kommt,
weiß allein das Glück.

GLÜCK UND GEIST

Ein Tropfen Glück
ist mehr wert
als ein Becher
voll Geist.

Also ist es geistvoll,
seinen Becher
so zu halten,
daß möglichst
viele Glückstropfen
in ihn fallen.

DER GLÜCKLICHE KENNT KEINEN NEID

Ein reicher Mann ging zu einem weisen Mann und bat ihn um einen Rat.

Der Weise erklärte sich dazu bereit.

„Ich habe das Gefühl, daß mein Vermögen mir keine Zeit läßt, mein Leben zu genießen", gestand der Reiche. „Obwohl alle meine Bekannten und Freunde neidisch auf mein Geld und meine beiden Villen sind, bin ich nicht glücklich."

„Weil der Neid anderer Menschen niemanden glücklich macht."

„Aber Reichtum macht glücklich. Hausbesitz macht glücklich. Sonst würden nicht alle Menschen nach dem Geld streben."

„Hausbesitz macht nicht glücklich, denn sonst wären ja alle Menschen unglücklich, die zur Miete wohnen. Und auf dein Geld sind nur Menschen neidisch, die selbst unglücklich sind. Neid ist das selbstquälerische Vergnügen der Unglücklichen. Der Glückliche kennt keinen Neid. Der Glückliche freut sich nicht nur über sein eigenes Glück, sondern auch über das Glück der anderen."

Der Reiche schloß die Augen und verzog sein Gesicht, als hätte ihn eine Ohrfeige getroffen.

Lange war es still. Dann fragte er: „Was soll ich deiner Meinung nach tun, um glücklich zu werden?"

„Stell dir das Unglück wie Gepäck vor, das du mit dir schleppst auf deiner Lebensreise. Wirf es ab!"

„Du rätst mir, daß ich mein hart erarbeitetes Geld verschenken soll?"

„Ich sage dir: Du hast nur das, was du bist. Und ich rate dir: Wirf alles ab, was dich nicht glücklich macht. Stück für Stück. Was am Ende übrig bleibt, ist das, was dich glücklich machen kann. Sofern dein Unglück dich nicht bereits unfähig gemacht hat, glücklich zu sein."

„Was bin ich dir schuldig für deinen Rat?"

„Das Beste im Leben ist frei", sagte der Weise. Erst in diesem Moment verstand der Reiche das Geschenk, das ihm gemacht wurde, und er schämte sich seiner Frage, verbeugte sich und verließ das Zimmer in tiefer Dankbarkeit.

GEH DEINEN EIGENEN WEG

Suche dein Glück nicht auf den Wegen,
die von der Mehrheit begangen werden.
Wären es die richtigen Wege,
müßten die meisten Menschen glücklich sein.
Sie sind es aber nicht.

Du findest das Glück nur
auf deinem eigenen Weg,
der genauso einmalig ist, wie du es bist.
Du brauchst als Reiseproviant
eine gute Portion Mut,
Vertrauen in dich und das Leben –
und die simple Einsicht,
daß jeder Mensch einen
einzigartigen Lebensweg hat
und niemand in die Fußstapfen
eines anderen treten kann,
ohne von seinem Weg abzukommen.

DER GÄRTNER

Ein Arzt in den mittleren Jahren hatte sich ein Haus am Stadtrand gekauft.

Nachdem die vielfältigen Arbeiten des Umzugs, der Renovierung und der Einrichtung erledigt waren, saß er gern am späten Nachmittag auf seiner Veranda, um sich von seinem Arbeitstag zu erholen.

Dabei fiel ihm sein Nachbar zu seiner Rechten auf, ein schlanker, grauhaariger Mann, der die Sechzig wohl schon weit überschritten hatte und eine große Zuneigung zu seinem Garten zu hegen schien. Denn immer wenn der Arzt auf seiner Veranda saß, sah er den Nachbarn in seinem Garten, den er sehr liebe- und geschmackvoll gestaltet hatte, umhergehen, sitzen, im Gras liegen oder auch arbeiten. Die schmalen Kieswege harken, die Rasenflächen mähen – und was sonst noch an Gartenarbeit anfiel, die er sehr gern zu machen schien und nicht als lästige Pflicht empfand, sondern als eine Freude, wie sein zufriedenes, manchmal geradezu glückliches Gesicht verriet.

Einmal beobachtete der Arzt seinen Nachbarn dabei, wie er fast zärtlich die Rinde des Stammes seiner hochgewachsenen Hängebirke berührte und behutsam mit der Hand über die Blätter verschiedener Pflanzen strich, als würde er sie streicheln, wobei sich seine Lippen bewegten, als spräche er zu seinen Pflanzen.

Manchmal trafen sich die Blicke der beiden, und der Gärtner, wie ihn der Arzt insgeheim nannte, nickte seinem neuen Nachbarn freundlich zu, mit einem Lächeln, in dem sich echte Zufriedenheit, Gelassenheit und Freude zu spiegeln schienen. Eines Tages gab sich der Arzt, der nach Beendigung seines Arbeitstages eigentlich immer seine Ruhe haben wollte und keinen Wert auf näheren Kontakt zu seiner Nachbarschaft legte, einen Ruck, erhob sich aus seinem bequemen Verandasessel, ging zu der brusthohen Hecke, die sein Grundstück von dem des Gärtners trennte, grüßte den alten Mann und rief ihm zu: „Sie haben einen sehr hübschen Garten."

Der Gärtner, den diese Worte zu freuen schienen, kam auf den Arzt zu, blieb kurz vor der Hecke stehen und sagte: „Ich liebe ihn eigentlich mehr als mein Haus. Ich kann gar nicht mehr verstehen, wie ich es jahrzehntelang in einer Stadtwohnung aushalten konnte. Aber man weiß ja oft erst, was man wirklich braucht, wenn man es gefunden hat."

„Ich hätte gar nicht die Zeit, meinen Garten so schön zu gestalten und zu pflegen wie Sie", gestand der Arzt. „Einmal im Monat lasse ich einen Gärtner kommen – und der macht dann die nötigen Arbeiten für mich."

„Sie sollten sich mehr Zeit für Ihren Garten nehmen."

„Ja, wenn ich mal in den Ruhestand gehe, dann vielleicht", spekulierte der Arzt. „Aber bis dahin ist noch viel Zeit."

„Fangen Sie doch jetzt schon an, mit kleinen Arbeiten. Vielleicht kommen sie auf den Geschmack. Bäume und Pflanzen sind wunderbare Geschöpfe! Sie enttäuschen einen nie. Sie machen einen nur manchmal traurig, wenn sie sterben. Aber sie haben so unendlich viel zu geben. Ich liebe sie. Sie sind die besseren Menschen."

Der Arzt dachte über die Worte seines Nachbarn nach und vermutete, daß er so manche menschliche Enttäuschungen erlebt hatte, behielt diesen Gedanken aber für sich und sagte statt dessen: „Ich freue mich, daß Ihr Garten Ihnen so viel gibt. Wenn Sie darin sitzen oder umhergehen, wirken Sie, wenn ich das so sagen darf, richtiggehend glücklich."

„Das dürfen Sie so sagen!"

„Tja, es war nett, mit Ihnen zu sprechen", stellte der Arzt fest, „aber leider muß ich jetzt noch einige Dinge erledigen. Papierkram. Gutachten erstellen, Rechnungen schreiben."

„Dann will ich Sie nicht aufhalten", sagte der Gärtner. „Nur eins möchte ich Ihnen noch mitgeben."

„Ja?" fragte der Arzt. „Und was?"

„Wie die alten Chinesen schon sagten: Wenn du eine Stunde glücklich sein willst, dann betrinke dich. Wenn du einen Tag glücklich sein willst, verliebe dich. Wenn du eine Woche lang glücklich sein willst, veranstalte ein großes Fest. Und wenn du ein Leben lang glücklich sein willst, schaffe dir einen Garten an."

GLÜCKSKOMPASS

Wenn du nicht
an dein Glück glaubst,
wird es nicht
den Weg zu dir finden.

Dein Glaube
ist sein Kompaß,
der es zu dir führt.

DIE WIRKLICHKEIT

„Wie soll ich am besten meinen Geburtstag feiern?" fragte ein gedankenvolles Mädchen seinen Großvater.

„Feiere ihn so, daß du Freude an anderen Menschen hast an diesem Tag. Aber feiere ihn auch so, daß andere Menschen Freude an dir haben. Denn ein Mensch wird geboren, um andere zu erfreuen, zu inspirieren – und um von anderen inspiriert und beglückt zu werden."

„Die Wirklichkeit sieht aber anders aus", erwiderte das Mädchen. „Denn da enttäuschen und verletzen die Menschen sich oft, anstatt einander glücklich zu machen."

„Die Wirklichkeit anderer Menschen kannst du nicht ändern. Aber deine eigene Wirklichkeit", sagte ihr Großvater mit einem milden Lächeln, „ist das, was du aus ihr machst."

DIE FREUDE DER SEELE

„Die meisten Menschen wirken so gleichgültig, so unglücklich, als würde ihnen rein gar nichts Freude machen", sagte ein nachdenklicher junger Mann zu seinem Philosophielehrer, von dem er eine sehr hohe Meinung hatte. „Ich habe Angst davor, daß ich eines Tages vielleicht auch so werden könnte. Wie kann ich das verhindern?"

„Suche nicht nach dem Vergnügen", riet ihm der Lehrer, „denn es ist oberflächlich und nutzt sich sehr schnell ab. Auch das Glück ist kurzlebig, lohnt oft nicht den Aufwand, mit dem es verfolgt wird, und schlägt gern in sein Gegenteil um. Du bist glücklich, weil du dich verliebt hast. Doch dann enttäuscht deine Angebetete dich, und schon bist du unglücklich. Klüger und weiser ist es, die Freude zu suchen. Aber nicht diejenige, die außerhalb von dir liegt, sondern die Freude, die in deinem Inneren lebt. Die Freude, die deine Seele an sich selbst hat. Das ist eine Freude, die niemand dir nehmen kann. Das Unglück vieler Menschen kommt daher, daß sie Glück und Freude in der Außenwelt suchen, anstatt in sich selbst. In deiner eigenen Seele liegt eine Freude, die auf ihre Entdeckung wartet. Wenn du sie gefunden hast, wirst du sehen, daß sie auf alles ausstrahlt, was dich umgibt. Hast du sie einmal gewonnen, kann sie dir nicht mehr genommen werden. Denn sie ist dein wahres Wesen."

„Und wie kann ich mein wahres Wesen finden?" fragte der Schüler.

„Du findest es nicht in der Betriebsamkeit und dem Lärm der Welt. Suche einen ruhigen Ort und lausche in dich hinein. Schließ die Augen, wenn du in deine Seele blicken willst. Laß es ganz still und friedlich in dir werden. Achte nicht mehr auf deine Gedanken. Schenke dir selbst volles Vertrauen und laß dich in die Tiefen deines Wesens fallen. Dann wirst du früher oder später das Licht finden, das dein ganzes Leben erhellen und beglücken wird. Und die Menschen werden zu dir kommen und dich um Rat fragen, wie du heute zu mir gekommen bist."

Liebe und Dankbarkeit

EIN WEISER WEG

Liebe ist keine Illusion,
sie ist die Wahrheit.
Liebe ist kein Zeitvertreib,
sie ist Zeitlosigkeit.
Liebe ist kein Wunschdenken,
sie ist eine Wirklichkeit.
Liebe ist kein Gespräch,
sie ist ein Tanz.
Liebe ist kein Wegweiser,
sie ist ein weiser Weg.
Liebe ist kein Verlangen,
sie ist Dankbarkeit.

GASTFREUNDSCHAFT

Laß uns nie vergessen,
daß unsere Liebe Dankbarkeit
zu ihrer Entfaltung braucht.
Viele sind undankbar
in ihrem Glück
und betrachten es
als selbstverständlich.
Diesen Fehler sollten
wir niemals machen.

Laß uns die Liebe immer
wie einen Gast behandeln,
von dem wir uns wünschen,
daß er niemals geht.

Das Pappmaché-Pferd

Ein Mann wachte mitten in der Nacht aus einem Traum auf, an den er sich nur vage erinnern konnte. Ein Traum, der mit seiner Frau zu tun gehabt hatte, die neben ihm im Bett lag und schlief.

Er lauschte ihren leisen, regelmäßigen Atemzügen, während er versuchte, die schnell ins Vergessen abtreibenden Erinnerungen an seinen Traum aufzuhalten. Denn er hatte das Gefühl, daß dieser Traum ihm etwas Wichtiges sagen wollte. Doch aus den wenigen Bruchstücken seiner Erinnerungen konnte er kein Bild zusammensetzen, in dem eine Botschaft zu entziffern war.

Der Mann fühlte sich matt und erschöpft. Die arbeitsreichen letzten Monate hatten ihn sehr viel Kraft und Zeit gekostet und seine Energiereserven aufgebraucht. Nur selten hatte er genügend innere Ruhe und Sanftheit in sich gespürt, um seine Frau zärtlich in den Arm zu nehmen und ihr seine Liebe zu zeigen.

Der Mann war traurig darüber, denn die Liebe zu seiner Frau, mit der er schon über zwanzig Jahre zusammenlebte, war der wertvollste Schatz in seinem Leben. Doch wann hatte er ihr zum letzten Mal gesagt, wie viel sie ihm bedeutete und was für ein wunderbarer und kostbarer Mensch sie war?

So darf es nicht weitergehen, dachte er sich, ich muß ihr wieder öfter meine Liebe zeigen! Ich darf die Tage nicht weiter einfach so an uns vorüberziehen lassen, darf mich von den Sachzwängen nicht mehr so sehr vereinnahmen lassen.

Vorsichtig stand er auf und ging auf leisen Sohlen in die Küche, um sich ein Glas mit warmer Milch und Honig zu machen – in der Hoffnung, damit bald wieder einschlafen zu können.

Auf der Kommode im Korridor fiel sein Blick auf das weißlackierte Pferd aus Pappmaché, das seine Frau ihm vor mehr als zehn Jahren geschenkt hatte. Mit ihren geschickten Händen hatte sie es selbst gebastelt. Es sah mit seinem weißgepunkteten roten Kopftuch und seinen beiden Zöpfen wie die Comicfigur eines Pferdes aus. Man mußte unwillkürlich grinsen, wenn man es sah, denn es war schon komisch, aber zugleich hatte es mit seinen großen treuen Augen etwas Rührendes.

Er nahm das Pferd in die Hände, führte es unwillkürlich zu seinen Lippen und gab ihm einen spontanen Kuß auf die kühle Schnauze. Dabei fühlte er plötzlich eine so große und tiefe Liebe zu seiner Frau, daß ihm Tränen in die Augen stiegen. Denn es war ihm, als hätte er eigentlich seine Frau geküßt. Er schämte sich seiner Unfähigkeit, ihr seine Liebe in dem Maß zu zeigen, wie er sie empfand und wie sie es verdiente. Schämte sich dafür, daß er viel zu oft und zu lange am Computer saß, viel zu häufig nicht oder nur halbherzig ansprechbar war, weil er in vermeintlich wichtige berufliche Angelegenheiten vertieft war.

Behutsam stellte er das lustige Pappmaché-Pferd wieder auf die Kommode zurück – eines der vielen von Herzen kommenden Geschenke, die seine Frau ihm gemacht hatte. Die sie ihm täglich dadurch machte, daß sie immer gesprächsbereit und aufgeschlossen für ihn war, so daß er stets mit Fragen oder Problemen zu ihr kommen und sich auf ihre Aufmerksamkeit und Hilfsbereitschaft verlassen konnte.

„Das wird sich alles ändern", sagte er zu dem Pappmaché-Pferd. „Versprochen! Ich muß mich ändern. Ich werde versuchen, ihr meine Liebe täglich zu zeigen, denn es genügt nicht, daß ich sie spüre. Auch sie soll sie spüren."

Das Pappmaché-Pferd grinste ihn an und schien sich zu freuen. Und plötzlich wußte er, welche Botschaft sein Traum ihm geschickt hatte: Wenn du schon geizen willst, dann geize mit allem, was dir in den Sinn kommt. Aber geize nie mit Bekundungen der Liebe zu dem Menschen, der dir mehr als alles andere im Leben bedeutet!

Nachdem er seine Milch getrunken hatte, ging er leise ins Schlafzimmer zurück, legte sich zu seiner Frau ins Bett und lauschte ihren ruhigen, gleichmäßigen Atemzügen. Er empfand eine große Freude und tiefe Dankbarkeit für das Glück, mit ihr schon so lange in Liebe verbunden zu sein.

Am liebsten hätte er sich über ihr Gesicht gebeugt und ihr einen Kuß auf die Stirn gegeben, aber er wollte sie nicht aus ihrem schönen Schlaf reißen. So schenkte er ihr den Kuß in Gedanken.

In diesem Augenblick gab sie ein leises, freudiges Geräusch von sich, als hätte sie seine Zärtlichkeit im Schlaf gespürt.

ERWARTE NICHTS

Erwarte nichts von der Liebe;
sie liebt es, dich zu überraschen.
Erbitte auch nichts von der Liebe;
sie weiß besser als du,
was du wirklich brauchst.
Versuche nicht,
mit der Liebe zu handeln;
was kannst du ihr schon bieten?
Fordere nichts von der Liebe,
das treibt sie in die Flucht.
Was sie für dich hat,
gibt sie dir aus freien Stücken.
Wirf ihr nichts vor,
auch wenn sie deinen Traum zerstört.

Liebe erfüllt dir nicht deine Wünsche,
sie ist keine Lotterie der Gefühle
mit freier Auswahl deines Glücks.

ECHTE LIEBE

Echte Liebe schenkt Entspannung
und tiefe innere Ruhe.
Echte Liebe schenkt
Heiterkeit und ein Lächeln,
das sich selbst genügt.
Echte Liebe stillt die Sehnsucht
und stiftet Seelenfrieden.

Echte Liebe ist unverkennbar,
und was sie schenkt,
ist in seinem tiefsten Wesen –
unbenennbar.

DIESMAL IST ES ERNST

Ein Mann um die Dreißig sagte zu seiner Mutter, zu der er ein vertrauensvolles Verhältnis hatte, daß er sich verliebt habe.

„Das wurde auch mal wieder Zeit", war ihr Kommentar. „Ich habe mich schon darüber gewundert, daß du so lange Single warst."

Ihr Sohn verliebte sich oft und gern, aber ebenso schnell und abrupt, wie er Feuer fing, endeten seine Affären auch wieder.

„Diesmal ist es vielleicht ernst", gestand er.

Sie lachte und erwiderte: „Wäre es nicht besser, wenn es heiter wäre? Die Liebe ist etwas Heiteres, Leichtes. Das sagst du doch selbst immer."

Ihr Sohn dachte an die Frau, in die er sich verliebt hatte, und fragte sich, was sie von ihren Vorgängerinnen unterschied. Warum sie ihm als etwas Kostbares erschien. Und warum er so dankbar dafür war, sie gefunden zu haben.

„Paß auf, daß es nicht allzu ernst wird", riet ihm die Mutter. „Nicht der Ernst, sondern die Heiterkeit ist das Bargeld des Glücks."

„Ich frage mich, ob du gerade etwas Oberflächliches oder etwas Tiefsinniges von dir gegeben hast", sagte er.

Seine Mutter warf ihm einen besorgten Blick zu.

„Oh je", seufzte sie, „es hat dich richtig erwischt."

Daß es diesmal wirklich ernst war, wurde ihm dadurch bewußt, daß er es zu bereuen begann, seiner Mutter davon erzählt zu haben.

„Du verstehst mich nicht", warf er ihr ärgerlich vor.

„Ich verstehe dich sehr gut. Du bist verliebt", erwiderte sie. „Und Verliebte verstehen keinen Spaß, wenn es um ihre Verliebtheit geht."

DEFINITION

Liebe ist, wenn man
die größere Portion
des Guten dem anderen gibt,
ohne Wert darauf zu legen,
daß er es merkt.

Die Natur der Gefühle

Wie sie zu dem Gebot der Nächstenliebe stehe, wurde eine
weise Frau gefragt.

„Liebe kann man nicht zum Gegenstand eines Gebotes
machen", sagte sie – und korrigierte sich gleich darauf.

„Natürlich kann man es, aber es kommt nichts dabei heraus.
Liebe kann man sich nicht gebieten. Sie ist eine Regung
des Herzens und entsteht wie alle Herzensregungen unwill-
kürlich. Ich kann nicht einfach lieben, indem ich es mir
vornehme. Wer die Menschen zur Nächstenliebe auffordert,
tut dies sicherlich in bester Absicht, aber ignoriert die Natur
des Menschen und seiner Gefühle."

Aber man könne seine Gefühle doch beeinflussen, wurde ihr
entgegengehalten. Man könne sie intensivieren oder abmil-
dern.

„Das schon", gestand die Frau zu, „man kann seine Gefühle
beeinflussen. Aber dazu müssen sie erst einmal vorhanden
sein. Und wenn keine Nächstenliebe im Herzen lebt, kann
man sie nicht durch einen bloßen Willensakt zum Leben
erwecken. Ich kann meinen Nächsten nicht einfach da-
durch lieben, daß ich es mir vornehme, sondern nur dann,
wenn er meinem Herzen Liebe einflößt. Der kann ich dann
natürlich nachgehen, die kann ich dann intensivieren oder
auch abschwächen. Aber wo nichts ist, läßt sich auch nichts
beeinflussen."

DIE LIEBE

Man hört, Liebe sei gefährlich,
ihr sei alles zuzutrauen.
Man schwört, Liebe sei enttäuschend,
auf sie könne man nicht bauen.
Man sagt, sie sei eine Sehnsucht,
die doch nie befriedigt wird.
Man klagt, Liebe sei ein Dschungel,
in dem jeder sich verirrt.
Ich weiß, sie ist eine Schönheit,
die schlicht unbeschreiblich ist.
Wahre Liebe ist die Gegend,
wo die Welt den Himmel küßt.
Für sie laß ich alles stehen,
wenn sie mich entführen will.
Mit ihr werd ich immer gehen,
einerlei zu welchem Ziel.
Liebe ist mehr als ein Spiel –
sie ist das höchste Gefühl,
das ein Mensch erleben kann,
sie ist ein magischer Bann.
Sie macht unsre Herzen weit
und schenkt uns Zeitlosigkeit.
Nichts ist wichtiger als sie –
doch so manche sehn das nie.

Man hört, Liebe sei ein Traum,
den die Wirklichkeit zerstört.
Man schwört, sie sei ein Gebet,
doch von niemandem erhört.
Man sagt, Liebe sei ein Schlachtfeld,
auf dem jedes Herz zerbricht.
Man klagt, Liebe sei ein Stachel,
der tief in die Seele sticht.
Ich weiß, Liebe ist das Größte,
was das Leben uns nur gibt;
deshalb bin ich in die Liebe
ganz und lebenslang verliebt.
Liebe ist ein tiefes Einssein,
der Sieg gegen Einsamkeit,
sie ist Wahrheit hinter dem Schein,
grenzenlose Dankbarkeit.
Liebe gibt, denn sie ist Geben,
und sie fragt nicht nach dem Sinn.
Liebe liebt, denn sie ist Leben –
Liebe gibt sich einfach hin.
Sie ist größer als das Denken
und sie öffnet jede Tür.
Liebe liebt es, sich zu schenken,
und erwartet nichts dafür.

Man hört, Liebe sei ein Märchen,
das nur der Verträumte glaubt.
Man schwört, sie sei eine Diebin,
die uns Illusionen raubt.
Man sagt, Liebe verleiht Flügel,
doch der Flug gehe nicht weit.
Und man klagt auch, sie verliere
jeden Kampf gegen die Zeit.
Ich weiß, Liebe ist Magie,
nichts ist zauberhaft wie sie.
Ich weiß, Liebe meint es gut,
schenkt uns Glück und Lebensmut.
Sie kann Zweifel überfliegen,
über alle Ängste siegen.
Sie ist wunderbares Licht,
doch so manche sehn es nicht.
Liebe ist ein Freudenfeuer
in der Dunkelheit der Welt.
Sie ist kostbar, sie ist teuer –
glücklich ist, wer sie erhält.
Liebe läßt sich nicht erzwingen,
sie ist stärker als der Tod.
Liebe bringt das Herz zum Singen
und macht Freude aus der Not.

DIE WAHRE LIEBE

Wer die wahre Liebe
noch nicht erlebt hat,
hat noch nicht wirklich gelebt.
Sie ist eine magische Kraft,
die dich in einen
neuen Menschen verwandelt,
von der Schwerkraft des Alltags befreit
und in den Himmel von Gefühlen trägt,
deren Schönheit dich überwältigt.

LIEBE IST WICHTIGER

Liebe ist wichtiger
als Zwänge, Ängste
und alle noch so
hochvernünftigen Erwägungen,
wichtiger als die Zukunft,
wichtiger als Geduld
und die besten Absichten,
wichtiger als Kompromisse,
Hoffnungen und guter Wille,
so unermeßlich wichtiger
als alle Worte, aller Trost
und alle sogenannten
Notwendigkeiten.

Frag nicht warum.

LIEBE HAT TAUSEND AUGEN

„In meinem Leben mangelt es an Liebe", gestand eine junge Frau einem älteren Mann, von dem sie wußte, daß er die Liebe kannte wie kaum ein anderer. „Ich habe einen wunderbaren Freund, ich kenne viele sympathische Menschen, ich bin gesund und zufrieden mit meinem Leben. Im Grunde dürfte ich mich nicht beklagen. Aber manchmal bin ich traurig, denn es ist nicht genug Liebe in meinem Leben. Ich werde nicht genug geliebt. Manchmal kommt es mir so vor, als würde meine Liebenswürdigkeit nicht erkannt. Und deshalb fehlt es mir an echter, tiefer Freude. Diese Mängel werfen einen Schatten auf all das Gute, das ich habe. Was kann ich dagegen tun?"

„Wenn du glaubst, daß du nicht genug geliebt wirst, gib die Schuld daran nicht den anderen, die deine Liebenswürdigkeit nicht erkennen", sagte er. „Frage dich selbst, was du falsch machst. Bist du so offen und liebevoll, wie du es von den anderen erwartest? Du kannst nicht mehr von ihnen erhoffen, als du selbst fähig bist zu geben. Wenn es in deinem Leben an Liebe fehlt, solltest du die erste sein, die mehr Liebe zeigt. Damit wirst du andere anstecken. Denn im Grunde leiden fast alle Menschen unter der Lieblosigkeit in dieser Welt und sind dankbar für jedes warme Lächeln, jedes gute Wort, jede herzliche Geste."

„Du meinst also, es liegt an mir?" fragte sie.

Er nickte. „Liebe kommt zu dem, der liebt. Freude schenkt sich dem, der Freude gibt. Die Liebe meidet den Lieblosen. Die Freude macht einen Bogen um den Freudlosen. Deshalb suche täglich aufs neue Freude, und sie wird auch dich suchen und finden. Und laß immer Liebe in dir strahlen, denn Liebe zieht Liebe an."

„Aber genau das ist mein Problem. Ich fühle keine Liebe in mir, die ich strahlen lassen könnte. Wie kann ich Liebe anziehen, wenn ich sie nicht in mir spüre? Kannst du mir keinen besseren Rat geben?"

Der Mann ließ die Bitte der Frau auf sich wirken. „Wer sich Liebe von anderen Menschen erhofft", sagte er schließlich, „der wird oft enttäuscht. Denn wer wenig Liebe hat, wird wenig Liebe bekommen. Wer viel Liebe hat, wird viel Liebe bekommen."

„Ich weiß, daß es so ist. Das Leben gibt denen, die haben, nicht denen, die brauchen. In meiner Not habe ich sogar schon versucht, mir Liebe zu ergaunern."

„Auf welche Weise?"

„Ich habe so getan, als hätte ich viel Liebe. Ich habe mich verstellt, habe mich als liebesreich ausgegeben. Aber auch damit bin ich nicht weitergekommen. Ich habe ein paar Männern den Kopf verdreht, aber mehr Liebe ist dadurch nicht in mein Leben gekommen."

„Kein Wunder", sagte er. „Menschen lassen sich hinters Licht führen, aber die Liebe nicht. Sie spürt, sie ahnt, sie weiß alles. Nur ein Dummkopf glaubt, Liebe sei blind. Liebe hat tausend Augen, sie kann durch die dicksten Wände und um hundert Ecken sehen."

Die Frau seufzte. „Wenn du mir keinen Rat geben kannst, wie ich aus meiner Misere herauskomme, dann kann es keiner."

„Hab Geduld und sei gelassen! Gib nicht auf! Nimm das Korn deiner Sehnsucht nach einem liebevolleren Leben und pflanze es in die Erde deiner Seele. Gib ihm Zeit zu keimen. Und wenn es ans Licht kommt, pflege es mit der ganzen Hingabe, zu der du fähig bist, damit es wächst und Tag für Tag größer, stärker, schöner wird. Und warte geduldig auf die Zeit, in der es blüht. Denn das wird die Zeit sein, in der mehr Liebe in dein Leben kommen wird."

„Du sagst also, ich soll geduldig und gelassen sein und meine Sehnsucht nach mehr Liebe pflegen? Aber gerade meine Sehnsucht macht mich ungeduldig und nervös."

„Dann bringe ihr Geduld und Gelassenheit bei. Geduldige und gelassene Sehnsucht nach Liebe wird dich mit der Zeit liebenswerter machen. Und je liebenswerter du wirst, desto mehr wird sich die Liebe von dir angezogen fühlen."

Die junge Frau seufzte. „Das ist schwierig", murmelte sie.

„Aber nicht unmöglich", ermutigte der Mann sie. „Und sei immer ehrlich zu dir und zu anderen Menschen. Spiele ihnen keine Gefühle vor, die du nicht empfindest. Lächele nur, wenn dir danach zumute ist, und nicht, um attraktiv zu wirken. Echte Liebe gedeiht nur in einem Klima der Wahrhaftigkeit."

„Das mag ja alles gut und schön sein", erwiderte sie, „aber es hilft mir nicht weiter. Ich will mehr Liebe in meinem Leben, und ich will sie am liebsten sofort. Ich habe keine Geduld und keine Gelassenheit. Kann ich denn sonst gar nichts tun, etwas Greifbares, Konkretes?"

„Was liebst du am meisten in deinem Leben?" fragte er zurück.

„Im Wald spazieren, reisen, in der Sonne liegen, photographieren, gute Musik hören, tanzen, zu Konzerten gehen, Fahrrad fahren, wertvolle Bücher lesen, schöne Filme sehen, gute Gespräche führen."

„Dann suche in diesen Vorlieben nach einem Weg, mehr Liebe in dein Leben zu bringen."

Sie schüttelte unwillkürlich den Kopf. „Aber das sind doch nur Vorlieben! Hobbys. Dinge, die mir Freude machen. Sie können mir nicht das Gefühl geben, das ich suche. Das Gefühl, morgens aufzuwachen und voller Freude zu spüren, daß mein Leben von Liebe erfüllt ist. Vielleicht suche ich einen bestimmten Menschen, der mir dieses Gefühl geben kann."

„Das Glück liegt in uns, nicht in den anderen", sagte er. „Mit der Liebe verhält es sich ebenso. Wenn du sie nicht in dir fühlst, kann kein Mensch auf dieser Welt sie dich fühlen lassen."

„Du kannst mir nicht helfen", klagte sie. „Niemand kann mir helfen."

„Doch – du kannst dir helfen", erwiderte er. „Ich habe allerdings das Gefühl, daß du dir gar nicht helfen willst." Die Frau warf ihm einen erschreckten Blick zu. Abrupt stand sie auf und verließ den Raum mit schnellen Schritten, ohne sich zu verabschieden. Sie lief die Treppen so rasch hinunter, als würde sie vor etwas flüchten. Und auch draußen, auf dem Gehweg, lief sie mit schnellen Schritten weiter und weiter – bis ihre Tränen sie einholten.

UND WIR FLOGEN

Gestern nacht ging ich spazieren
auf der sonnigen Straße neuer Träume.
Eine Weile lief ich allein –
plötzlich kam mir eine Frau entgegen.
Sie lächelte aus sich heraus
und schaute in mich hinein.
Ich bot ihr einen Flug
mit meinem Herzen an.
Sie zögerte und sagte:
„Mein Herz ist schwer zur Zeit,
du wirst mit ihm nicht
von der Erde loskommen."
Ich gab zur Antwort:
„Da ist auf einmal
so schöne Musik in der Luft,
und ich will mit dir tanzen,
bis wir leicht genug sind,
den Boden unter
unsren Füßen zu verlieren."
Sie überlegte nicht lange
und zog die Schuhe aus.

Wir tanzten,
bis wir abhoben.
Und wir flogen
hoch und weit
und tief dem Leben
ins Herz hinein.

Ein solcher Flug
geht immer zu schnell vorbei,
und wo man auch landet,
lebt man nur für den nächsten.

WAHRER REICHTUM

Ruhm, Geld und Macht –
was sind sie gegen den Zauber der Liebe,
der uns erfüllen und
wunschlos glücklich machen kann?

Der Berühmte will immer berühmter werden,
der Mächtige immer mächtiger,
der Reiche immer reicher.
Sie sind Opfer ihres Verlangens nach mehr,
das sie nicht in Frieden läßt.

Das Glück der Liebenden
genügt sich selbst,
gibt ihnen Freude, Frieden, Dankbarkeit.
Und das ist wahrer Reichtum.
Die Liebe kann ihn uns schenken.
Dafür müßten wir sie eigentlich
in den Himmel heben.
Doch wir brauchen sie dringend auf der Erde.

DIE RICHTIGE ANTWORT

„Liebst du mich?" fragte eine junge
Frau ihren Liebsten aus heiterem Him-
mel, nachdem sie eine Weile nachdenk-
lich am Fenster gestanden hatte.
Natürlich liebe ich dich, wollte er
zuerst antworten.
Doch er schwieg und fragte sich: War-
um fragt sie mich, ob ich sie liebe?
Offensichtlich spürte sie seine Liebe
nicht.
Schweigend ging er zu ihr ans Fenster
und schloß sie zärtlich in seine Arme.
Als sie erleichtert durchatmete und
sich innig an ihn schmiegte, wußte er,
daß er ihr die richtige Antwort auf ihre
Frage gegeben hatte.

FREUNDSCHAFT UND DIALOG

EIN MASSSTAB DER FREUNDSCHAFT

Zwei junge Frauen, eine Studentin und eine Journalistin, die seit drei Jahren gute Freundinnen waren, saßen auf einer Parkbank und genossen die friedliche Atmosphäre. Den Sonnenschein und blauen Himmel eines schönen Sommertages. Den kleinen See vor ihren Augen und die prächtigen Bäume, die ihn umsäumten. Das Zwitschern der Vögel und den leichten, sanften Wind, der das Gesicht zärtlich streichelte.

„Ich habe gestern abend über uns nachgedacht", sagte die Journalistin. „Dabei ist mir bewußt geworden, daß du meine beste Freundin bist. Die beste, die ich jemals hatte. Daß mir unsere Freundschaft sehr wertvoll ist, und daß ich sie nie verlieren möchte."

Die Studentin war von diesen Worten so berührt, daß sie eine Weile sprachlos war. Als sie schließlich etwas sagte, war es nur ein Wort: „Danke." Und dann ergänzte sie noch: „Ich empfinde es auch als ein großes Glück, daß wir unsere Freundschaft gefunden haben."

Nach einer Weile sagte die Journalistin: „Ich habe gestern auch darüber nachgedacht, ob es einen Maßstab gibt, mit dem man die Größe oder Tiefe einer Freundschaft messen kann. Und ich denke,

Vertrauen ist ganz wichtig. Aber auch Vertrautheit, Ehrlichkeit, Ungezwungenheit. Daß man sich so zeigen kann, wie man ist."

„Ja, das alles ist sehr wichtig in einer Freundschaft", stimmte die Studentin zu. „Aber da gibt es noch etwas anderes. Und vielleicht ist es das Allerwichtigste."

„Woran denkst du dabei?"

„Freude", antwortete die Studentin. „Als ich dich zum ersten Mal sah, fühlte ich eine große Freude, ohne zu wissen, warum. Jetzt weiß ich es: Es war die Freude, dich gefunden zu haben. Und dieser erste Eindruck hat sich inzwischen hundertfach bestätigt. Eigentlich immer, wenn ich mit dir zusammen bin, ist mein Herz froh. Ich habe noch mit keiner Freundin eine solche Freude erlebt. Sicher, wir hatten auch schon mal weniger heitere Stunden, aber was unsere Freundschaft so wichtig macht, ist die Freude, die sie mir schenkt."

Eine Ente kam herbeigeflogen und landete elegant auf der Oberfläche des Sees. Die Vögel sangen in den Bäumen.

Die beiden Frauen sahen sich in die Augen und lächelten.

SELBSTVERGESSENHEIT

Zu großer Egoismus schließt
jede höhere Form der Kommunikation aus.
Wer zu sehr mit sich selbst beschäftigt ist,
hat nicht die Zeit und Kraft zur Pflege
wertvoller, wesentlicher Kontakte,
die immer wieder ein gewisses
Maß an Selbstvergessenheit erfordern.

Wer, wenn es darauf ankommt,
das „Wir" nicht über das „Ich" stellen kann,
wird niemals wahre Freundschaft erfahren.

EINE FRAGE DES GLEICHGEWICHTS

Freundschaft wächst nur gut
auf dem Boden des Gleichgewichts
zwischen Geben und Nehmen.
Wenn einer mehr gibt als der andere,
ist das Scheitern nur eine Frage der Zeit.

Freunde sein können nur Menschen,
die sich das Wasser reichen können und wollen.
Die den einmaligen Wert des anderen
erkannt haben und ihn achten, mögen, lieben.
Nur solche Menschen können sich
gegenseitig inspirieren, Mut machen
und echte Lebensfreude schenken.

FREUNDSCHAFT BRAUCHT EIN WEITES HERZ

„Warum ist es so schwer, einen wirklich guten Freund zu finden?" fragte ein junger Mann einen Meister der Weisheit.

„Was verstehst du unter einem wirklich guten Freund?" war die Gegenfrage.

„Nun ja, darunter verstehe ich einen Menschen, den ich mag, dem ich vertrauen kann. Der ehrlich zu mir ist und es gut mit mir meint. Der mich erkennt und zu schätzen weiß. Und der auch dann zu mir steht, wenn es mir mal nicht so gut geht."

„Ich stimme dir zu, daß es sehr schwierig ist, einen guten Freund in dieser Welt zu finden, weil ihre Beschaffenheit die Freundschaft zwischen den Menschen nicht fördert, sondern eher behindert", sagte der Weise. „Wir leben in einer Welt des Wettbewerbs, in der jeder den anderen übertreffen will. Die Menschen werden von der Gesellschaft zu Egoisten erzogen, die zuallererst an sich denken, an ihren Erfolg, ihren Vorteil, ihren Nutzen. Und deshalb fällt es ihnen schwer, echte Freundschaft zu empfinden, denn sie erfordert die Fähigkeit, den anderen genauso zu lieben wie sich selbst. Egoismus erlaubt keine echte Freundschaft. Wenn jemand immer vor allem an sich selbst denkt, wird sein Herz eng. Aber Freundschaft braucht ein weites Herz."

„Deine Worte sind nicht gerade ermutigend", klagte der junge Mann.

„Es ist nicht meine Aufgabe, ermutigend zu sein", erklärte der Meister, „sondern dir auf deine Frage so wahrhaftig wie möglich zu antworten. Ich habe ja nicht gesagt, daß Freundschaft unmöglich ist. Allerdings wirst du Glück brauchen, in unserer Ellenbogengesellschaft einen Menschen zu finden, der nicht vom Virus der Selbstsucht infiziert ist. Aber warum sollst du dieses Glück nicht haben?"

„Ich danke dir, daß du mir zumindest ein wenig Hoffnung läßt", sagte der Besucher. „Kannst du mir vielleicht auch sagen, wie ich einen Freund am besten finde?"

„Indem du ihn nicht suchst", antwortete der Meister. „Ein scheinbarer Zufall wird dich zu ihm führen. Ein Weg, den du ursprünglich gar nicht gehen wolltest. Eine spontane Entscheidung, ein unverhoffter Impuls. Halte dich einfach nur offen für die Freundschaft, die du dir wünschst! Deine Offenheit wird der Kompaß auf deiner Suche sein."

WÄHLE GUT AUS

Gib dein Bestes, aber nicht denen,
die dir nicht ihr Bestes geben.
Sei geduldig, aber nicht mit denen,
die deine Geduld ausnutzen.
Sei großzügig,
aber nicht denjenigen gegenüber,
die deine Großzügigkeit mit Geiz erwidern.
Zeige deine Gefühle,
aber nicht denen,
die nur mit ihnen spielen.
Gieße das Wasser deines Lebens
nicht in Fässer ohne Boden.
Gieße es auf den Boden,
wo die Blumen der Liebe
und Freundschaft wachsen.

DIE SCHÄTZE DER STILLE

Wir leben in einer Welt von Wörtern.
Überall liegen sie in der Luft,
in Geschäften, Firmen, Schulen,
in Cafés und Restaurants.
Fernsehen und Radio bringen sie in alle Häuser.
Überall, wo Menschen sich begegnen,
produzieren sie Unmengen von Wörtern.

In dieser verbalen Überproduktion
ist die Bedeutung des Schweigens,
der Stille in der Kommunikation
so gut wie verlorengegangen.
Doch gerade dort,
in der miteinander geteilten Stille,
im gemeinsamen Schweigen,
liegen die größten Schätze,
die wir uns schenken können.

EINE SELTSAME ART

Eine junge Frau bekam ein Paket geschickt, in dem sich nichts befand. Offensichtlich hatte sich jemand einen dummen Scherz erlaubt. Der Absender war ein Mann, dessen Name ihr nichts sagte. Die Menschen werden immer verrückter, dachte sie, und nach zwei Wochen hatte sie die Sache vergessen.

Dann erreichte sie ein Brief von demselben Absender. Sie öffnete den Umschlag, aber darin befand sich nichts.

Nun ärgerte sie sich doch über diese doppelte Unverschämtheit und machte sich daran, dem Absender einen Brief zu schreiben, um ihm zu sagen, daß er gefälligst mit seinen blöden Scherzen aufhören solle. Aber dann fand sie nicht die richtigen Worte, zerknüllte einen Briefbogen nach dem anderen und entschied sich schließlich, es dem Mann persönlich zu sagen, zumal er nicht weit entfernt wohnte.

Also fuhr sie am nächsten Abend zu ihm hin und klingelte an seiner Tür. Zuvor hatte sie sich die Worte zurechtgelegt, die sie ihm ins Gesicht sagen wollte.

Er öffnete die Tür. Sie stellte überrascht fest, daß sie ihn schon des öfteren gesehen hatte. Beim Einkaufen im Supermarkt oder beim Spazierengehen. Er lächelte sie an. Sein Blick war so strahlend, offen und freudvoll, daß ihre Wut im Nu verging und einem sanften Gefühl wich, das sie sehr überraschte. Da stand sie vor ihm, schaute in seine Augen und wußte nicht mehr, was sie sagen sollte.

Ohne es zu bemerken, lächelte sie nun auch, denn sie sah in seinen Augen, daß der Mann sich nicht über sie lustig machen wollte, sondern ihr auf eine seltsame Art etwas zeigen wollte. Etwas Wichtiges und Wesentliches.

Auf einmal wußte sie, warum er ihr das leere Paket und den leeren Brief geschickt hatte, die zwar leer, aber nicht inhaltslos gewesen waren.

Sondern voll von seiner Art, ihr zu sagen, daß er nicht wußte, wie er ihr sagen sollte, daß er sich in sie verliebt hatte.

Die bessere Wahl

Wenn jeder den anderen
so behandeln würde,
wie er selbst von ihm
behandelt werden möchte,
wäre das Klima unseres Zusammenlebens
wesentlich angenehmer.

Freundlichkeit sollte unser Verhalten lenken,
denn in jedem Fremden, dem wir begegnen,
schlummert ein möglicher Freund.
Respekt sollte selbstverständlich sein.
Humorvolle Toleranz sei
als unverzichtbare Beigabe empfohlen.

Auch wenn wir noch so unterschiedlich sind:
Warum sollen wir uns bekämpfen,
wenn wir in Frieden miteinander leben können?
Das ist kein Traum, das wäre ein Erwachen.

EIN GROSSES GLÜCK

Ein Mann, der die Fünfzig überschritten hatte, klagte seinem
Vater, daß es in seinem Leben nur einen einzigen Menschen
gab, der sich als wahrer Freund erwiesen hatte. Während ein
Dutzend andere den Ansprüchen nicht genügt hatten, die er
an einen Freund stellte.
„Welche Ansprüche sind das?" fragte sein Vater.
„Geschlecht, Alter, Hautfarbe, Religion, Bildung, sozialer
Status – all diese Äußerlichkeiten sind mir völlig einerlei."
„Das beantwortet meine Frage nicht."
„Ich kann sie nicht beantworten", sagte der Mann, nachdem
er eine Weile überlegt hatte. „Ich habe keine festen Ansprü-
che. Erst ist es ein Gefühl, eine Ahnung, und mit den Jahren
wird es eine Gewißheit, daß ein Mensch wirklich ein Freund
ist. Wie gesagt, es gibt nur einen Menschen in meinem
Leben, den ich mit gutem Gewissen und voller Überzeugung
meinen Freund nennen kann."
„Dann verstehe ich nicht, warum du ein so trauriges Gesicht
machst", sagte der Vater.
„Warum sollte ich ein frohes Gesicht machen?" fragte sein
Sohn zurück.
„Weil du das große Glück hast, einen wahren Freund zu
haben. Wahre Liebe ist schon etwas sehr Seltenes, aber wahre
Freundschaft ist noch seltener."

DER RAT DER MUTTER

„Ich habe in den letzten Tagen viel über das Thema Rache oder Verzeihen nachgedacht", sagte ein junger Mann zu seiner Mutter, mit der er sich gut verstand.

„Ein ebenso interessantes wie schwieriges Thema", stellte sie fest. „Zu welchen Ergebnissen bist du gekommen?"

„Nun ja", sagte er, „jemandem zu verzeihen ist immer besser, als sich an ihm zu rächen. Aber manches ist einfach unverzeihlich. Manches muß mit gleicher Münze heimgezahlt werden, ohne daß es deshalb eine Rache sein muß."

„Wie würdest du es denn sonst nennen?"

„Eine Wiederherstellung des Gleichgewichts. Zum Beispiel: Wenn mich ein unzuverlässiger Freund ein paarmal bei Verabredungen lange auf ihn warten läßt und ich mich darüber bei ihm beschwere, er aber sein Verhalten bei den nächsten Verabredungen nicht ändert, dann lasse ich ihn auch mal öfter warten, damit er spürt, wie das ist. Manche Menschen erreicht man nicht mit Worten, sondern nur mit Taten."

Seine Mutter nickte. „Und kommt dein Freund seitdem pünktlich zu euren Verabredungen?"

„Nein", gestand ihr Sohn. „Ich erreiche ihn leider weder mit Worten noch mit Taten. Seine Unzuverlässigkeit ist ihm heilig."

„Dann mußt du ihn so nehmen, wie er nun mal ist."

„Oder mich von ihm so weit distanzieren, daß mich seine Unzuverlässigkeit nicht mehr berührt."

„Also dich ihm gegenüber abstumpfen", sagte die Mutter.

„Ja. Doch Abstumpfung führt zu Gleichgültigkeit. Und die wiederum führt mich zu der Frage, welchen Sinn diese Freundschaft überhaupt noch für mich hat. Ob ich sie nicht besser beenden soll, als sie halbherzig weiterzuführen."

Seine Mutter seufzte. „Ich verstehe dich. Nach meiner Erfahrung legen Menschen ihre Gewohnheiten im Umgang mit anderen nur sehr ungern ab. Es ist eine Sisyphusarbeit, sie zu einer Verhaltensänderung zu bewegen. Und man erweckt damit nicht selten ihren Unmut, weil man ihnen zeigt, daß man sie nicht so akzeptiert, wie sie sind."

„Richtig", stimmte ihr Sohn zu. „Aber wenn man ihnen immer wieder alles verzeiht, dann tanzen sie einem auf der Nase herum und nehmen einen überhaupt nicht ernst."

„Tja", sagte die Mutter. „Es ist leider so. Wenn man großzügig, tolerant und verständnisvoll ist, wird man von manchen Menschen ausgebeutet. Vielleicht sogar von vielen. Aber nicht von allen. Wenn du meinen Rat hören willst: Ein Mensch, der deine besten Eigenschaften immer aufs neue ausnutzt, ist nicht dein Freund."

Glauben und Vertrauen

GERADE DESHALB

Glaube den Leuten nicht,
die dir sagen, das Licht
am Ende des Tunnels
seien die Scheinwerfer
des entgegenkommenden Zuges.
Sie sind verbittert –
und deshalb schlechte Ratgeber.
Sie sind Zyniker –
also Menschen,
die zu lange nicht mehr glücklich waren.

Für vertrauensvolle Menschen
ist das Licht am Ende des Tunnels Sonnenlicht.
Sie gehen ihm angstfrei
durch die Dunkelheit entgegen –
und stolpern gerade deshalb nicht.

GLAUB AN DICH

Laß dich nicht unterkriegen –
nicht alle Menschen sind so
wie die, die dich enttäuschten.

Laß dich nicht verbiegen –
es gibt Menschen,
die dich so brauchen, wie du bist.

Laß dich nicht besiegen –
von denen, die meinen,
sie hätten leichtes Spiel mit dir.

Bewahre den Glauben an dich –
und du wirst Menschen finden,
die ihn mit dir teilen.

Der Gläubige und der Atheist

Ein Atheist fragte einen Gläubigen: „Warum glaubst du an Gott?"

Der Gläubige fragte zurück: „Warum glaubst du nicht an ihn?"

„Weil ich nur an das glaube, was ich erfahren habe."

„Aus dem gleichen Grund glaube ich an Gott", erklärte der Gläubige.

„Und wie ist Gott so?" fragte der Atheist.

„Er stärkt alles Gute in mir. Meine Liebesfähigkeit, mein Mitgefühl, mein Verständnis. Und er schwächt alles Schlechte: meine Selbstsucht, meine Hartherzigkeit, meine Intoleranz."

„Dann kann ich dich nur dazu beglückwünschen, daß du Gott erfahren hast. Kannst du mir nicht einen Tip geben, wie auch ich ihm begegnen kann?"

„Wenn du nicht an ihn glauben kannst", erwiderte der Gläubige, „dann versuche zumindest, seine Existenz für möglich zu halten. Denn was man nicht für möglich hält, das wird man kaum erfahren."

„Ich kann beim besten Willen die Existenz Gottes nicht für möglich halten in einer Welt, die so ist, wie sie leider ist", erwiderte der Atheist.

„Schade", sagte der Gläubige.

„Warum schade?"

„Weil du dir damit die Möglichkeit verbaust, Gott zu erfahren."

Der Atheist verzog den Mund und sagte: „Du bist wie viele Menschen, die an irgend etwas glauben. Nicht nur was Gott betrifft!"

„Inwiefern?"

„Du bedauerst alle Menschen, die nicht an das glauben, woran du glaubst."

„Das klingt wie ein Vorwurf", sagte der Gläubige.

„Es ist nur eine Erfahrung", erklärte der Atheist.

„Die dich nicht daran hindern sollte, die Existenz Gottes für möglich zu halten", entgegnete der Gläubige. „Was hast du zu verlieren?"

„Meinen Glauben, keinen Glauben zu haben", sagte der Atheist.

GERADE DIESER GLAUBE

Manches glückt uns nur,
wenn wir daran glauben,
daß es uns gelingt –

denn gerade dieser Glaube
gibt uns die nötige Kraft
und innere Leichtigkeit,
um das zu verwirklichen,
was wir uns erträumen.

GLAUBE AN DEINE WÜNSCHE

Seelen werden nicht nur krank
durch Lieblosigkeit und Mißhandlung.
Sie erkranken auch,
wenn wir ihre Sehnsüchte und Ansprüche
ans Leben nicht ernst genug nehmen
und zu Träumen oder Illusionen degradieren.

Deshalb ignoriere die Wünsche deiner Seele
nach Liebe, Harmonie, Zauber,
Zärtlichkeit und Schönheit nicht.
Glaube an ihre Erfüllbarkeit.
Versuche so zu leben,
daß sie in Erfüllung gehen können.

Eine andere Art zu beten

„Wie bete ich richtig?" fragte eine Frau einen Mönch.

„Suche dir einen ruhigen Ort, an dem du nicht gestört wirst. Setze oder lege dich hin und schließe die Augen. Und dann versuche, an nichts zu denken."

„Das verstehe ich nicht. Ich dachte immer, Beten sei Kommunizieren. Und wenn ich Gott etwas sagen will, muß ich auch Gedanken bilden."

„Das mußt du nicht. Gott kann in deine Seele sehen. Und das kann er am besten, wenn deine Gedanken stillstehen."

„Gut", sagte die Frau. „Ich denke an nichts. Und was mache ich dann?"

„Dann vergiß dich selbst. Mach dich zu einem leeren Gefäß. Vergiß die Zeit und den Ort, an dem du dich befindest. Aber schlaf dabei nicht ein. Bleib wach!"

„So habe ich noch nie gebetet", gestand die Frau.

„Viele Menschen denken, Beten bedeutet, sich von Gott etwas zu wünschen, für sich oder für andere Menschen. Reichtum, Liebe, Glück, Gesundheit.

Gott ist nicht dazu da, die Wünsche der Menschen zu erfüllen. Aber wenn sich ihm jemand mit Herz und Seele öffnet, ohne ihn mit Wünschen zu bestürmen, kann er dir das Wertvollste geben, was er dir zu geben hat."

„Und was ist das?"

„Das ist bei jedem Menschen etwas anderes."

„Woher weißt du das?" wollte die Frau wissen.

„Weil ich es erlebt habe. Ich glaube, daß alle Menschen dies erleben können", antwortete der Mönch. Die Frau verließ ihn mit dem Gefühl, etwas Wertvolles von ihm empfangen zu haben, auch wenn sie dessen Sinn noch nicht verstand.

VERTRAUE DIR

Vertraue dir selbst,
glaube an dich,
und du wirst
die Lebenskraft ausstrahlen,
die anderen Menschen hilft,
dir zu vertrauen,
an dich zu glauben.

Vertrauen heilt

Ein älterer Mann kam zu einem Heiler und sagte zu ihm: „Ich komme zu dir wegen meiner chronischen Schulterschmerzen. Ich war schon bei verschiedenen Ärzten und Heilpraktikern, doch keiner von ihnen konnte mir helfen. Nun hat mir kürzlich ein Freund erzählt, daß du der beste Heiler weit und breit bist."

„Das ist sehr schmeichelhaft", erwiderte der Heiler, „aber ich glaube nicht, daß ich besser bin als andere."

„Er sagte mir aber, daß du die meisten Erfolge erzielst!"

„Dein Freund mag recht haben, doch meine Erfolge rühren nicht daher, daß ich über größere Heilkräfte verfüge als andere."

Trotz dieser Worte verspürte der ältere Mann eine unerklärliche Zuversicht, daß gerade dieser Heiler ihm helfen würde. Und er sagte: „Aber wie erklärst du dir dann deine außergewöhnlichen Heilerfolge?"

„Sie haben nichts mit meiner Heilkunst zu tun, sondern damit, daß etwas an mir oder in mir ist, dem die Menschen gern und schnell ihr Vertrauen schenken. Vielleicht mein weißer Vollbart. Vielleicht meine tiefe Stimme. Vielleicht meine Augen. Vielleicht meine ruhige Art. Aus welchem Grund auch immer: Sie trauen mir zu, daß ich sie heilen kann, sie glauben an mich. Und dieses Vertrauen, dieser Glauben führt zu der ersehnten Heilung, nicht meine Künste. Denn Vertrauen und Glauben sind die größten Heiler."

GLAUBE AN DAS LEBEN

Was zählt, ist der Augenblick.
Jeder Augenblick,
selbst der dunkelste,
hat eine Geheimtür,
die ans Licht führt.

Du findest sie nur,
wenn du an ihre Existenz glaubst.
Du öffnest sie nur,
wenn du an dich glaubst.
Du gehst nur durch sie hindurch,
wenn du an das Leben glaubst.

Die Friedensverhandlung

In einem Land war ein Religionskrieg ausgebrochen.

Die eine Hälfte der Bevölkerung glaubte an einen Gott, die andere Hälfte glaubte an einen anderen Gott. Und beide Hälften glaubten fest, daß ihre Religion die allein selig machende und ihr Gott der allein wahre Gott seien.

Das war lange gut gegangen, von dem einen oder anderen häßlichen Zwischenfall abgesehen. Doch vor einem Jahr waren schreckliche Dinge geschehen, die nach Vergeltung riefen, was zu erneuten Ausbrüchen von Rache und schließlich zu einem religiös begründeten Bürgerkrieg führte. Alle Schlichtungsversuche scheiterten, zumal beide Parteien sich sicher waren, den Krieg zu gewinnen, da sie den wahren und einzigen Gott auf ihrer Seite wußten.

Tage, Wochen, Monate vergingen, in denen viele Schlachten geschlagen wurden. Unzählige Menschen starben, unsägliches Leid und Elend geschah in diesem Land, dessen Boden täglich von mehr Blut getränkt wurde.

Immer jünger wurden die Männer, die in den Religionskrieg zogen, immer weiter breiteten sich Hungersnöte und Seuchen aus, immer größer wurden die Not und die Verzweiflung, in die der Krieg die Menschen gestürzt hatte.

Als die Zahl der im Krieg Getöteten weit größer geworden war als die Zahl der noch Lebenden, trafen sich zwei Abgesandte der beiden kriegsführenden Parteien zu einer Friedensverhandlung, die jedoch an gegenseitiger Unbeugsamkeit scheiterte. Genau wie ein zweites, drittes und viertes Treffen.

Zu dem fünften Treffen schickte die eine Partei einen jungen Mann, der wie durch ein Wunder noch am Leben war, da fast alle jungen Männer des Landes auf den Schlachtfeldern umgekommen waren. Die andere Partei schickte einen alten, erfahrenen Mann in die Verhandlungen.

„Warum schickt der Feind mir einen so jungen Mann?" fragte der erfahrene Unterhändler mit sichtlicher Empörung.

„Weil der Mann, der die letzte Friedensverhandlung geführt hatte, vor einigen Tagen gestorben ist. Er war mein Vater. Meine Glaubensgemeinschaft hat mich dazu auserwählt, die Verhandlungen fortzuführen. Ich bin gekommen, um dich und die Deinen zu bitten: Laß uns endlich Frieden schließen!"

Der erfahrene Unterhändler, der sich in seiner Ehre gekränkt fühlte, weil der Feind ihm einen Mann als Verhandlungspartner geschickt hatte, der gerade dem Jungenalter entwachsen war, fragte in seinem Zorn: „Warum soll ich Frieden mit einem Jüngling schließen, der vom Leben so viel versteht wie ein Säugling vom Sprechen?"

„Damit nicht noch mehr Menschen sterben müssen!"

„Wenn Gott es so will", sagte der alte Mann, „dann müssen eben noch mehr Menschen sterben."

„Und wenn Gott es nicht so will?" war die Gegenfrage.

Der Alte schüttelte mißbilligend den Kopf. „Er will es so. Sonst hätte er es nicht geschehen lassen."

„Wir haben es geschehen lassen", stellte der junge Unterhändler fest. „Nicht Gott. Wir haben uns gegenseitig getötet. Nicht Gott. Und wenn wir Frieden schließen, dann sind wir es, die das tun."

„Du redest wie ein Ungläubiger!" rief der alte Mann verächtlich und schlug mit der Faust auf den Tisch.

„Ich bin kein Ungläubiger. Ich habe nur einen anderen Glauben als du."

Ja, und dein Glaube ist falsch, du dummer Junge, hätte der alte Mann fast gesagt. Aber die Seinen hatten ihn in diese Verhandlung geschickt, um Frieden mit dem Feind zu schließen. „Und ich habe einen anderen Glauben als du", sagte er statt dessen.

„Und weil mein Glauben anders ist als deiner und deiner anders ist als meiner", entgegnete der junge Unterhändler, „führen wir seit einem Jahr einen Krieg, dessen Greuel unsagbar sind. Laß uns heute Frieden schließen, jetzt und für alle Zeiten!"

Nach einem langen Schweigen erwiderte der alte Mann: „Ein Frieden zwischen uns ist auch in meinem Sinn. Aber möglich ist er nur unter einer Bedingung: daß deine Gemeinschaft meinen Glauben annimmt. Denn nur wenn wir alle denselben Glauben haben, kann bleibender Frieden zwischen uns herrschen."

„Warum nimmt deine Gemeinschaft dann nicht unseren Glauben an?"

„Weil euer Glauben nicht der wahre ist und euer Gott nicht der wirkliche Gott!" rief der Ältere und schlug erneut auf den Tisch.

„Das gleiche könnte ich von eurem Glauben und eurem Gott behaupten. Und genau aus diesem Grund sind wir in diesen furchtbaren Krieg geraten. Weil wir den Glauben des anderen nicht achten und unseren eigenen für den besseren, für den einzig wahren und richtigen halten."

„So ist es doch auch!" sagte der alte Mann.

„So muß es aber nicht bleiben", erwiderte der Jüngere. „Wir können es ändern."

„Und wie?"

„Indem wir vereinbaren, daß dein und mein Glaube gleichwertig sind. Daß keiner niedriger oder höher als der andere ist, keiner schlechter oder besser ist. Die Menschen sind so verschieden, und so sind auch die Arten ihres Glaubens verschieden. Wenn wir uns darauf einigen, daß dein Gott nicht schlechter ist als meiner und daß dein Glaube nicht weniger wert ist als meiner, wenn wir dies aus ganzem Herzen sagen und fühlen: Dann wird Frieden sein."

Also werden wir weiter Krieg führen, wollte der alte Unterhändler sagen. Doch er hatte den Seinen versprochen, endlich Frieden zu schließen. Also sagte er nichts.

„Die einzige andere Möglichkeit, einen Frieden herzustellen", sagte der junge Mann, „ist, daß wir beide unseren Glauben aufgeben, denn er hat uns in namenloses Elend geführt und wird uns alle zugrunde richten, wenn wir uns nicht ändern. Ich sehe nur diese beiden Wege zum Frieden."

Der alte Abgesandte dachte lange nach und verkündete schließlich: „Dein erster Vorschlag erscheint mir als der bessere Weg. Laß uns einen Vertrag unterzeichnen, in dem wir uns verpflichten, den Glauben des anderen genauso zu achten wie unseren eigenen und den Gott des anderen als genauso wahr und wirklich anzuerkennen wie unseren eigenen. Es ist genug Blut geflossen. Vielleicht hat Gott uns durch all dies Elend geführt, damit wir erkennen, daß wir den Glauben des anderen genauso achten müssen wie unseren eigenen. Vielleicht führt nur der Weg der tiefsten Verzweiflung zu der höchsten Vernunft."

Die beiden Männer sahen sich in die Augen, gaben sich die Hand, ließen den Friedensvertrag aufsetzen und unterschrieben ihn.

Seit diesem Tag herrschte Frieden im Land.

GLAUBEN

Wer den Glauben
an sich selbst bewahrt,
verliert auch nicht
den Glauben
an die Menschen.

VERTRAUE DIR

Wer daran zweifelt,
ein Ziel zu erreichen,
das er sich gesetzt hat,
stellt sich selbst
Hindernisse in den Weg.

Skepsis und Zweifel machen
jeden Weg lang und schwer.
Vertrauen in die eigene Kraft
kann Flügel verleihen.

Suchen und Finden

LACHE GANZ EINFACH

Du läufst unentwegt
in allen Zimmern
deines Lebenshauses auf und ab,
suchst vergeblich deine Brille und führst
die Erfolglosigkeit deiner Suche darauf zurück,
daß du ohne Brille nicht gut sehen kannst.

Und dann schaust du zufällig
in einen Spiegel und entdeckst,
daß du deine Brille
die ganze Zeit lang auf der Nase hattest.
Und plötzlich siehst du gut.

Ärgere dich nicht
über deine Unzulänglichkeit.
Sei nicht traurig über
die vergeudete Zeit der Suche.
Lache ganz einfach über dich!

Suche das versteckte Gute

Wenn sich alles gegen dich
zu verschwören scheint,
behalte die Nerven
und biete den Widrigkeiten Paroli
mit der Kraft der Gelassenheit,
die sogar das Schicksal beeindrucken –
und vielleicht umstimmen kann.
Du bist ein aktiver Teil deines Schicksals
und kannst einen positiven Einfluß
auf deine Zukunft ausüben.

Suche das versteckte Gute
in dem offensichtlich Schlechten.
Findest du es,
wird es dich ins Bessere führen.

DIE ROSE

Eine Frau klagte ihrer besten Freundin, daß sie schon seit langem nichts Besonderes mehr erlebt habe. „Mein Leben plätschert so dahin, alles ist Routine, nichts Aufregendes, Neues, Unverhofftes geschieht mehr. Die Tage und Wochen vergehen so schnell, und ich erlebe nichts!"

Ihre Freundin schwieg eine Weile und sagte schließlich: „Oft kommt es nicht so sehr darauf an, was du erlebst, sondern wie du es erlebst. Manchmal versteckt sich das Große im Kleinen, das Wunderbare im Alltäglichen, das Reizvolle im scheinbar Unscheinbaren. Du mußt es nur entdecken."

„Gib mir ein Beispiel!"

„Als ich auf deine Haustür zuging, habe ich in deinem Vorgarten eine wunderschöne Rose entdeckt, die nur darauf wartet, daß du sie wahrnimmst und bewunderst. Daß du ihren Duft einatmest, mit deiner Nase in ihre Blütenblätter eintauchst und dich über ihre unendlich zarte Weichheit freust. Ich sag dir, ihr Duft kann einen Atheisten dazu bringen, an Gott zu glauben! Schon nächste Woche wird sie nicht mehr so himmlisch duften. Und übernächste Woche wird sie verwelkt sein."

„Es gibt viele Rosen im Vorgarten. Welche meinst du?"

„Ja, es gibt Dutzende. Aber wenn du mit offenen Augen hinschaust, wirst du schnell entdecken, daß eine von ihnen etwas ganz Besonderes ist. Wenn du aufmerksam auf allen deinen Wegen durch den Tag gehst, wirst du vieles bemerken, das so besonders ist wie diese Rose. Vieles, das dein Leben reicher und schöner machen kann. Das Wunderbare liegt im Auge des Entdeckers."

Nachdem ihre Freundin sich verabschiedet hatte, ging die Frau in ihren Vorgarten und entdeckte die Rose auf den ersten Blick. Ihre außergewöhnliche Schönheit berührte ihr Herz. In diesem Moment war es ihr, als fiele ein Schleier, der ihre Wahrnehmung lange getrübt hatte, von ihr ab.

Voller Freude und mit klopfendem Herzen bückte sie sich zu der wunderschönen dunkelroten Blume und tauchte ihre Nase in die seidenweiche Blütenpracht. Wie himmlisch sie duftete! Wie traumhaft schön sie aussah! Was für ein Wunder sie war! Unwillkürlich gab sie der Rose einen Kuß. Und hatte dabei das aufregende Gefühl, daß die Blume ihren Kuß wahrnahm – und ihn erwiderte.

Seit langer Zeit lächelte die Frau wieder aus ganzem Herzen.

Von diesem Augenblick an veränderte sich ihr Leben.

UNSERE TRÄUME

Unsere Träume können
sich nur dann erfüllen,
wenn wir unbeirrbar
an ihre Erfüllbarkeit glauben –
denn gerade unser Glaube
gibt ihnen die Kraft,
schließlich wahr zu werden.

DAS ERREICHTE ZIEL

Eine junge Frau, die nicht nur schön aussah,
sondern es auch war, besuchte in Begleitung ihrer
besten Freundin einen Mann, der ihre innere
Schönheit sofort erkannte. Als er ihr bei der
Begrüßung in die Augen sah, fand er darin etwas,
dem er unbedingt auf den Grund gehen wollte.
Sofern das Leben es ihm erlauben würde.
Er sagte sich: Wenn sie eine Seele hat, die so
schön ist, wie ihre Augen es sind, endet bei ihr
meine Suche nach der Frau, die für mich be-
stimmt ist.
Er wollte aber nicht allzu zuversichtlich sein, denn
er hatte schon Frauen mit Augen gekannt, die
weitaus schöner gewesen waren als ihre Seelen.
Augen konnten täuschen.
Doch in dem Blick dieser jungen Frau lag so viel
Wahrhaftigkeit, Reinheit und Klarheit, daß ihm
das Zweifeln schwerfiel.
Als die Frau ihn zum zweiten Mal besuchte,
diesmal allein, wurde die Stimme seiner Erfah-
rungen immer leiser, bis es seinen Zweifeln ganz
die Sprache verschlug.
Und er wußte, daß er das Ziel seiner Reise er-
reicht hatte.

WENN WORTE ÜBERFLÜSSIG WERDEN

Wenn Worte überflüssig werden,
weil der Augenblick
bis an den Rand
mit Sinn gefüllt ist,

beginnt das Leben
unwiderstehlich
von sich zu erzählen
und führt uns
mitten hinein in
faszinierende Geschichten –

wenn wir nur lauschen.

Eine Frage der Zeit

„Die Welt ist ein heilloses Chaos", sagte ein Mann um die Dreißig zu einem Meister der Weisheit. „Schon als Schuljunge begann ich damit, den Sinn meines Lebens zu suchen und fühlte mich dabei oft wie auf einem Schiff in dichtem Nebel, auf der vergeblichen Suche nach einem Hafen."

Der Meister nickte.

„Als Student habe ich zahlreiche Bücher gelesen, von Dichtern, Philosophen, Schriftstellern und Weisen. Ich lernte viel aus diesen Büchern. Der Nebel um mein Schiff löste sich mehr und mehr auf, aber es war kein Land in Sicht. Also legte ich die Bücher beiseite und begab mich auf Reisen, begegnete den unterschiedlichsten Menschen und lernte von ihnen, was sie mich zu lehren hatten. Und schließlich fand das Schiff, in dem ich reiste, einen Hafen."

„Was war dieser Hafen?" fragte der Meister.

„Mein eigenes Wesen, das ich durch das Lesen der Bücher und die Erfahrungen mit den Menschen kennengelernt hatte. Ich weiß nun, wer ich bin."

„Das hast du vielen Menschen voraus, die nur glauben zu wissen, wer sie sind."

„Mag sein", erwiderte der junge Mann. „Aber trotz dieses Wissens empfinde ich eine Leere in mir, die mir zu schaffen macht. Und ich weiß nicht, womit ich sie füllen soll."

„Ich glaube, du weißt es durchaus", sagte der Meister und blickte dem jungen Mann in die Augen. Er hielt diesem Blick stand, und plötzlich war es ihm, als würde der Meister ihm mit diesem Blick die Antwort auf eine Frage geben, die er noch gar nicht gestellt hatte.

„Ja", antwortete der junge Mann auf die ungestellte Frage. „Der leere Raum ist mein Herz. Es gibt nur eins, was ihn füllen kann: Liebe! Doch weder in den Büchern noch auf meinen Reisen fand ich sie."

„Glaubst du denn, daß du sie noch finden wirst?"

Der junge Mann überlegte eine Weile und antwortete schließlich: „Ja. Ich glaube daran."

„Dann wirst du die Liebe finden, die du suchst", prophezeite der Meister. „Vieles kann nur dann geschehen, wenn wir daran glauben, daß es geschehen wird. Unsere Zuversicht ruft die Erlebnisse herbei, die sich unser Herz ersehnt. Optimismus ist der erste Schritt, der den Boden schafft für die nächsten Schritte auf dem Weg zur Erfüllung. Warum hast du so lange gezögert mit deiner Antwort auf meine Frage?"

„Weil ich schon einige Male glaubte, Liebe gefunden zu haben. Doch es war letztlich immer nur Verliebtheit. Und deshalb zweifele ich manchmal daran, wahre Liebe zu finden. Doch mein Glaube daran, ihr zu begegnen, ist stärker als meine Zweifel. Nur eins möchte ich dich noch fragen. Wenn ich die Liebe finde, die mein Herz erfüllen wird: Woran werde ich sie erkennen?"

Der Meister lächelte. „Mach dir darüber keine Sorgen! Wahre Liebe ist ein so klares und deutliches Gefühl, daß du sie zweifelsfrei erkennen wirst! Verliere niemals deine Zuversicht und deine Geduld. Verliere nie den Glauben an die Liebe. Er ist das Licht, das sie zu dir führen wird."

„Muß ich sie denn nicht suchen?"

Der Meister schüttelte den Kopf. „Viele Menschen denken, daß sie die Liebe finden. Aber es ist in Wahrheit immer die Liebe, welche die Menschen findet und zusammenführt, wenn die Zeit reif ist."

DAS LETZTE LÄCHELN

Ein Schuljunge, der seine Großmutter im Krankenhaus besuchen wollte, verirrte sich in den langen Gängen des großen Hospitals und verwechselte in seiner Verwirrung die Nummer des Krankenzimmers.

So betrat er einen Raum, in dem eine fremde alte Frau in einem Einzelbett lag, die ihn mit einem flehenden Blick anschaute und die Hand nach ihm ausstreckte.

Der Junge wußte sofort, daß die Frau im Begriff war zu sterben. Sein Herz begann, schneller zu klopfen. Er spürte, wie ihm im ganzen Körper heiß wurde. Wie er Angst bekam vor der Begegnung mit dem Tod. Und doch wollten seine Beine nicht dem Befehl seiner Angst gehorchen, so schnell wie möglich zu verschwinden.

Einige Sekunden blieb er unschlüssig stehen, senkte den Kopf, starrte seine Schuhe an und wußte nicht, was er tun sollte.

Als er den Blick wieder hob und sah, daß die Frau ihn immer noch mit einem Flehen in den Augen anschaute, das ihm fast sein Herz zerriß, ging er kurzentschlossen auf sie zu, nahm ihre ausgestreckte Hand in seine beiden Hände und setzte sich neben sie auf ihr Bett.

„Danke", flüsterte die alte Frau, während Tränen über ihr Gesicht liefen.

Auch dem Jungen standen Tränen in den Augen. Im Zimmer war es so still, daß er die Zeit atmen hören konnte. Seine Angst war ohne ihn geflohen.

Das dankbare Lächeln, das die alte Frau ihm schenkte, bevor sie für immer die Augen schloß, sollte er sein Leben lang nicht vergessen.

Als er das Zimmer der Frau verließ, wurde ihm bewußt, daß er sich nicht verirrt hatte.

DER DRITTE WEG

Wenn du nicht weißt,
welchen von zwei Wegen du wählen sollst,
weil beide dir als zweifelhaft
oder gefährlich erscheinen,
suche mit offenem Herzen,
mit Phantasie und Intuition
nach einem dritten Weg,
der dich aus den Zweifeln führt.

Wenn du genügend Geduld,
Mut und Hoffnung aufbringst,
wird das Leben dir einen Wegweiser schicken.
Ein unverhofftes Ereignis,
das den Nebel um dich herum auflöst.
Einen Menschen, der deine wichtigste Frage
ohne Worte beantwortet.

DIE VERSTECKTEN SPIEGEL

Solange du nicht der Mensch bist,
der du wirklich bist,
bist du der, für den du dich hältst.
Deine Selbsteinschätzung kann
weit von der Wahrheit entfernt liegen.
Wenn du dein wahres Selbst finden willst,
mußt du alle Bilder,
die du dir von dir gemacht hast,
von den Wänden deines Bewußtseins abnehmen.

Erst dann wirst du in der Lage sein,
die dahinter versteckten Spiegel zu entdecken,
in denen du dein wahres Wesen erkennst.

Vom Nichtversuchen und Gelingen

Ein Journalist, der einen skeptischen Artikel über einen Mann schreiben wollte, den seine Anhänger für einen Meister der Weisheit hielten, bat ihn um ein Interview, bekam es gewährt und fragte ihn am Ende des Gesprächs: „Worin unterscheiden Sie sich eigentlich von Ihren Anhängern?"

Der Meister lachte. „Darin, daß sie versuchen, etwas von mir zu lernen, weshalb es ihnen selten gelingt. Während ich nie versuche, etwas von ihnen zu lernen, weshalb es mir oft gelingt."

Diese Antwort verwirrte den Journalisten. „Was wollen Sie damit sagen?" fragte er.

„Ich will damit sagen, daß manches am besten gelingt, wenn man es gar nicht versucht. Weil das Versuchen dem Suchen im Weg stehen kann wie das Suchen dem Finden."

Die Verwirrung des Journalisten wurde noch größer, aber weil er dies nicht eingestehen wollte, sagte er: „Ich bezweifle die praktische Anwendbarkeit dieser Erkenntnisse."

„Das ist ja wunderbar", erwiderte der Meister und schlug dem Journalisten fröhlich auf die Schulter. „Dann werden Sie ja nicht versuchen, sie anzuwenden. Zweifel sind doch etwas Wunderbares, nicht wahr? Sie ersparen uns die Mühen und Gefahren, sich mit ganzem Herzen auf die Chancen und Risiken des Lebens einzulassen."

Der Journalist dachte eine Weile über diese Antwort nach, deren Ironie ihm gefiel. Er mußte sich wider Willen eingestehen, daß er beeindruckt war.

Plötzlich begann er zu verstehen, warum so viele Menschen die Nähe dieses Mannes suchten und ihn für weise hielten. Und er fragte sich, ob es ihm jetzt noch gelingen würde, was er vorgehabt hatte: einen Artikel zu schreiben, in dem er ihn als Scharlatan entlarvte.

PROBLEME UND LÖSUNGEN

Die Gesichter des Verstandes

Der Verstand hat zwei Gesichter,
das eines Freundes und das eines Feindes.
Oft schützt er uns mit seiner Skepsis vor Fehlern,
die wir ohne seine Hilfe begehen würden.
Doch manchmal führen gerade seine Zweifel,
die uns vor Problemen schützen sollen,
uns in tiefe Irrtümer und Schwierigkeiten.

Der Verstand hat Angst vor allem,
was seine Macht bedroht oder gefährdet.
Er fürchtet die Intuition des Herzens
und die Intelligenz der Seele,
die uns Einsichten schenken können,
die der Verstand nie verstehen wird.

Er ist wie ein Gott,
der keine anderen Götter neben sich duldet –
und schon gar nicht über sich.

Die alte Frau und ihr Gott

„Ich spreche jeden Tag mit meinem Gott",
sagte eine redselige ältere Frau zu ihrer besten
Freundin am Telephon.
„Warum sagst du, daß du mit deinem Gott
redest? Glaubst du, daß er nur für dich da
ist?"
„Nein, er ist sicherlich für alle Menschen da,
aber jeder hat eine andere Beziehung zu ihm.
Meine ist sehr innig", erklärte die Frau.
„Und was erzählst du Gott?"
„Ich vertraue ihm meine Gefühle und Ge-
danken an."
„Und was erzählt er dir?"
„Er erzählt mir nichts. Er hört mir nur zu."
„Vielleicht erzählt er dir doch etwas. Und
du verstehst es nicht, weil du ihn in deiner
Redseligkeit nicht zu Wort kommen läßt",
sagte die Freundin.
Diese Worte ärgerten die Frau, und deshalb
brach sie das Telephonat kurz darauf ab.
Doch als sie eine Weile auf ihrer Couch ge-
sessen und Löcher in die Luft gestarrt hatte,
ließ ihr Ärger nach – und ihr Gesicht wurde
nachdenklich.

Nutze den richtigen Augenblick

Vielleicht bist du schon zu Hause –
und weißt es nur noch nicht?
Vielleicht bist du schon zufrieden –
und fühlst es nur noch nicht?
Vielleicht stehst du dir selbst im Weg –
und erkennst es nur noch nicht?
Vielleicht fühlst du dich gelangweilt –
und stehst nur einen Schritt
vor einem spannenden Erlebnis?
Vielleicht bist du unerklärlich traurig –
und brauchst nur
eine Änderung deiner Perspektive,
um unerklärlich froh zu sein?
Vielleicht quält dich eine unbeantwortete Frage –
und dabei hast du die befreiende Antwort
schon in dir und mußt sie nur finden?

Öffne im richtigen Augenblick
das Tor deines Bewußtseins –
und gehe in den Garten deiner Seele,
wo die Lösungen und Antworten
auf dich warten, die du brauchst.

KLUGE FRAGEN

„Warum bin ich ein Mensch?" fragte ein wißbegieriges junges
Mädchen seinen Vater.

„Wie meinst du das?" fragte er zurück.

„So wie ich es sage. Warum bin ich ein Mensch – und nicht
ein Hund oder eine Katze oder ein Vogel?"

„Weil du meine Tochter bist. Und die Tochter eines Men-
schen ist ein Mensch. Wie die Tochter eines Vogels ein Vogel
ist."

Das Mädchen legte ihre Stirn in Falten und schien nicht ganz
mit dieser Antwort zufrieden zu sein. „Aber ich hätte doch
ebensogut die Tochter eines Vogels werden können."

„Sicherlich. Aber du bist nun mal ein Mensch geworden!"

„Aber warum bin ich ein Mensch und kein Vogel?"

Der Vater seufzte. „Weil du nicht fliegen kannst."

Das Mädchen verzog den Mund und sagte: „Das war keine
kluge Antwort."

„Es gibt nicht auf alle klugen Fragen kluge Antworten, mein
Mädchen. Manchmal muß man sich mit den Dingen so
abfinden, wie sie sind."

„Muß man das wirklich immer?" wollte seine Tochter wissen.

„Warum fragst du das?"

„Na ja, wenn alle Menschen sich damit abgefunden hätten,
daß sie nicht fliegen können, dann gäbe es doch keine Flug-
zeuge."

ERFAHRUNGSSACHE

Ein Junge erzählte seinem Vater: „Ich habe heute in der Schule gelernt, daß die Menschen im zwanzigsten Jahrhundert mehr von der Natur zerstört haben als in ihrer gesamten vorherigen Geschichte. Und daß nichts darauf hindeutet, daß sie damit aufhören."

„Ja, das stimmt leider", sagte der Vater.

„Ich mache mir Sorgen", gestand der Junge.

„Worüber?"

„Na ja, wenn die Menschen so weitermachen mit der Zerstörung der Natur, dann können sie irgendwann nicht mehr auf dieser Welt leben."

„Ich mache mir auch diese Sorgen", gestand der Vater. „Ich glaube, viele Menschen teilen diese Sorgen mit uns."

„Und warum hören dann die Menschen nicht damit auf, die Welt weiter zu zerstören?" fragte der Junge.

„Weil sie so sind, wie sie sind", antwortete der Vater und seufzte. „Sie gehen einen einmal eingeschlagenen Weg gern so weit, wie sie ihn eben gehen können. Auch wenn es der falsche ist."

„Und warum bleiben die Menschen so, wie sie sind? Warum lernen sie nicht aus ihren Erfahrungen und verändern sich?"

„Wir wissen aus Erfahrung", sagte der Vater, „daß die Menschen nicht aus ihren Erfahrungen lernen."

DER RACHEFELDZUG

Ein Schuljunge, der in einer Bäckerei von einer Wespe in den Arm gestochen wurde, hatte noch tagelang danach Schmerzen. Sein Arm war um den Stich herum angeschwollen, er bekam leichtes Fieber und litt nachts unter Alpträumen.

Als er sich von dem Stich erholt hatte, war in ihm eine solche Wut auf alle Wespen entstanden, daß er jeden Nachmittag zu den üppigen Sträuchern in der Nachbarschaft ging, deren Blüten zahlreiche Wespen anzogen. Dort zerquetschte er Dutzende von Wespen zwischen zwei kurzen Holzbrettern, die er gegeneinander schlug.

Dies tat er mehrere Wochen lang.

Als er eines Tages wieder mit seinen beiden hölzernen Tötungsinstrumenten zu den Sträuchern ging, um seinen Rachefeldzug fortzusetzen, hatte er unverhofft keine Freude mehr daran, weiter zu töten. Hunderte von Wespen waren inzwischen seiner Wut auf die eine Wespe zum Opfer gefallen, die ihn in der Bäckerei gestochen hatte.

Er erschrak ein wenig über die Maßlosigkeit seiner Wut und fragte sich, warum so viele Wespen sterben mußten, um den Durst seiner Rache zu befriedigen.

Der Junge fand keine Antwort auf seine Frage.

Doch von diesem Tag an tötete er nie wieder eine Wespe.

PRIORITÄTEN

Lieber echter Gleichgültigkeit
als falscher Freundlichkeit begegnen.
Lieber einen Freund für alle Wetterlagen haben
als ein Dutzend Schönwetterfreunde.
Lieber die Unsicherheit akzeptieren,
als sich in trügerischer Sicherheit wiegen.
Lieber weniger Geld haben,
aber dafür mehr Zeit und Freiheit.
Lieber genießen, was man hat,
als darunter leiden, was einem fehlt.
Lieber dreimal von der Liebe enttäuscht werden,
als einmal die Liebe enttäuschen.
Lieber so sein, wie man wirklich ist,
als so zu sein, wie andere es gern hätten.

DER NICHT ABGESCHICKTE BRIEF

An einem kalten Wintertag besuchte eine Frau um die Vierzig einen Witwer in ihrer Nachbarschaft, den sie mit den Jahren als vertrauenswürdigen, liebenswerten Menschen und guten Ratgeber kennengelernt hatte. Als einen Mann, den sie ohne Zögern als einen Freund bezeichnen konnte.

Er bat sie freundlich hinein und bot ihr einen Sessel am offenen Kaminfeuer an. Als er sie nach dem Grund ihres Kommens fragte, gestand sie ihm, daß eine bestimmte Frage schon seit Monaten an ihr nagte, die sie am Tag nicht zu Ruhe kommen ließ und nachts um den Schlaf brachte.

Auf die Frage ihres Freundes, was sie so sehr quälte, antwortete sie: „Das ist ein Problem, von dem ich noch niemandem erzählt habe. Es hat mich einige Überwindung gekostet, damit zu dir zu kommen. Aber ich muß unbedingt einem Menschen davon erzählen. Bitte laß es unser Geheimnis sein."

Ihr Freund sicherte seine Verschwiegenheit zu.

„Vor fünf Jahren lernte ich auf einer Reise einen Mann in meinem Alter kennen. Wir entdeckten gemeinsame Vorlieben und Interessen und freundeten uns an. Wir führten lange, gute Gespräche und begannen, Vertrauen zueinander zu entwickeln. Eines Tages verliebten wir uns ineinander und spürten, daß unsere Liebe etwas ganz Besonderes war. Doch diese Liebe war eine verbotene Frucht, denn mein Liebster ist verheiratet und hat ein Kind, das schon dreizehn Jahre alt ist. Immer wieder versuchten wir deshalb, den Kontakt zueinander abzubrechen. Es gelang uns auch, einmal sogar anderthalb Jahre lang. Doch wir fanden stets wieder zueinander und gestanden uns, daß nicht ein einziger Tag vergangen war, an dem wir nicht aneinander gedacht hatten. Unsere Liebe wollte sich einfach nicht verbieten oder vergessen lassen."

Die Frau atmete tief durch und seufzte. „Ich habe ihm so oft gesagt, daß er ehrlich zu seiner Frau und seinem Kind sein müsse. Doch dazu hatte er nicht den Mut. Eines Tages schrieb ich ihm, daß ich mich in einen anderen Mann verliebt hätte. Er akzeptierte das und kämpfte nicht um meine Liebe, weil er wußte, daß er ohnehin nicht die Kraft haben würde, seine Familie zu verlassen. Aber ich hatte mich gar nicht in einen anderen Mann verliebt. Ich hatte es ihm nur geschrieben, um von ihm loszukommen. Um mich von der Versuchung zu befreien, ihn immer aufs neue zu kontaktieren."

„Du hast ihn also angelogen!"

„Ja, aber es war eine Notlüge. Doch sie konnte mich nicht aus der Not befreien, in die meine aussichtslose Liebe mich gebracht hatte. Denn die Sehnsucht quälte

124

mich weiter. Nicht nur die Sehnsucht nach ihm, sondern auch die Sehnsucht nach der Wahrheit. Ich fand nachts keinen Schlaf, weil ich mich im Bett wälzte und mit meinem Bedürfnis kämpfte, seiner Frau alles zu erzählen. Schließlich schrieb ich ihr einen langen Brief, in dem ich mich bei ihr entschuldigte und ihr die Wahrheit offenbarte."

„Wofür hast du dich bei ihr entschuldigt?"

„Nun ja, schließlich wußte ich, daß er eine Familie hatte, als ich mich in ihn verliebte. Aber eigentlich war es doch er, der seine Ehe gebrochen hatte."

„Zu einem Ehebruch gehören immer zwei", sagte der Freund. „Wie hat seine Frau auf deinen Brief reagiert?"

„Ich habe mich nicht getraut, ihn abzuschicken. Ich hatte Angst, daß diese zehn handgeschriebenen Seiten seine Familie zerstören würden. Nun liegt der Brief seit Monaten adressiert und frankiert auf meiner Kommode. Ich frage mich jeden Tag aufs neue: Soll ich ihn zum Briefkasten bringen, damit seine Frau die Wahrheit erfährt? Oder soll ich bis an mein Lebensende diesen Mann weiterlieben und dabei wissen, daß er mich genauso liebt und vermißt wie ich ihn? Unsere Liebe ist stark, obwohl sie immer im Halbdunkel einer Lüge stand, zumindest des Verschweigens der Wahrheit. Aber ich weiß nicht, ob sie noch blühen könnte, wenn das Licht der Wahrheit auf sie fällt. Doch ich will auch Gerechtigkeit und möchte die Frau dieses Mannes nicht bis an ihr Lebensende in Ungewißheit leben lassen. Andererseits will ich nicht an der Zerstörung einer Familie schuldig werden. Ich weiß einfach nicht, was ich tun soll."

Die Frau seufzte. „Täglich fällt mein Blick auf den nicht abgeschickten Brief. Meine innere Unruhe, meine Unentschlossenheit, meine Schlaflosigkeit, meine Traurigkeit, das alles macht mich krank. Bitte hilf mir!"

„Diese Frau lebt nicht in Ungewißheit", sagte ihr Freund. „Sie lebt in Unwissenheit. Wie Adam und Eva, bevor sie von der verbotenen Frucht aßen. Adam und Eva lebten glücklich im Paradies der Unwissenheit, und so leben vermutlich auch die Frau und die Tochter deines Liebsten. Warum solltest du sie von dort vertreiben? Womit haben sie das verdient? Haben sie dir etwas Böses angetan?"

„Nein, das haben sie nicht", erwiderte die Frau. „Sie wissen ja gar nichts von mir."

„Dann laß sie in ihrer Unwissenheit weiterleben! Warum willst du Schicksal spielen? Es war sicherlich hilfreich für dich, daß du diesen Brief geschrieben hast. Du warst enttäuscht, du warst verzweifelt, du warst unglücklich und vielleicht auch wütend, daß du diesen Mann nicht für dich gewinnen konntest. Du hast dir mit diesem Brief so manches von der Seele geschrieben. Aber nicht alles, sonst würdest du nicht täglich mit dem

Gedanken spielen, ihn der Frau zu schicken. Du willst Gerechtigkeit, hast du gesagt. Aber etwas in dir versteht unter Gerechtigkeit, daß seine Frau und seine Tochter ebenso unglücklich sein sollen wie du. Dieses Etwas ist nicht das Beste in dir, und wenn du seiner Stimme folgst, wirst du feststellen, daß man sich nicht reinigen kann, indem man jemanden in den Schmutz stößt, für den man Liebe empfindet oder empfunden hat. Man kann sich aber damit selbst noch mehr beschmutzen."

Die Frau hatte bei diesen Worten ihren Blick zu Boden gesenkt. Jetzt hob sie den Kopf mit einem Ruck und klagte: „Es ist nur so stark und hartnäckig!"

„Daß es stark und hartnäckig ist, bedeutet nicht zwangsläufig, daß es gut und richtig ist. Du mußt es besiegen! Das kannst du am besten, indem du es konsequent ignorierst. Wenn du ihm jegliche Aufmerksamkeit entziehst, wird es schwächer und schwächer. Vergiß den Brief, er hat seinen Zweck erfüllt! Lassen wir mal die moralischen Aspekte beiseite. Fragen wir uns nicht, ob es von dir richtig war, dich auf eine Liebesaffäre mit einem Familienvater einzulassen. Wir leben in einer lieblosen Welt, was eine Katastrophe ist, denn jeder Mensch braucht Liebe. Mehr Liebe, als er bekommt. Viel mehr. Da ist es verständlich, daß die Moral ignoriert oder gebrochen wird, wenn eine Chance kommt, Liebe zu erleben. Die Kraft einer Liebe ist oft stärker als ethische Prinzipien.

Du hast dich diesem Mann geöffnet, weil die Sehnsucht nach Liebe deine höchste Priorität war. Das kann man dir nicht zum Vorwurf machen. Was aus Liebe geschieht, ist nie böse und hat oft einen tieferen Sinn. Doch nun bleib auf dem Weg der Liebe und betrachte auch in Zukunft die Liebe als den hellsten Stern am Firmament deiner Entscheidungen. Bleib der Liebe treu, sie ist das Beste in dir. Willst du das?"

Die Frau nickte ohne Zögern.

„Dann beantworte mir eine Frage", bat ihr Freund. „Wäre es ein Akt der Liebe, diesen Brief abzuschicken?"

Die Frau schloß die Augen, als würde sie versuchen, in ihr Inneres zu sehen. Sie wirkte äußerlich ruhig, doch ihr Freund spürte, wie heftig sie mit sich selbst kämpfte.

Nach einer Weile traf ihr sich öffnender Blick auf die Andeutung eines Lächelns in seinem Gesicht. Und sie wußte, was sie schon gewußt hatte, bevor sie zu ihm gekommen war: daß sie ihr Gewissen nicht damit belasten würde, einen geliebten Menschen in Schwierigkeiten zu bringen. Aber jetzt würde sie dieses Wissen nicht mehr verdrängen, nicht mehr verleugnen können. Jetzt hatte es eine Stärke gewonnen, die es nicht mehr verlieren würde. Sie zog einen prallen, länglichen Brief aus ihrer Handtasche und legte ihn auf den Tisch.

„Würdest du diesen Brief für mich ins Kaminfeuer werfen?"

„Warum sollte ich das?" war die Antwort des Freundes.

„Weil ich es nicht schaffe", sagte die Frau. „Du hast mir bis hierhin geholfen. Jetzt hilf mir, auch noch den letzten Schritt zu gehen."

„Laß es uns gemeinsam tun, wie wir gemeinsam dieses Gespräch geführt haben", schlug er vor, nahm den Brief vom Tisch und legte ihn seiner Freundin auf die offene Hand. Dann nahm er sie beim Handgelenk, führte es auf den offenen Kamin zu und gab ihm einen Stoß.

Die Frau sah den Brief direkt ins Feuer segeln. Erleichtert beobachtete sie, wie er in Flammen aufging.

WEISHEIT UND LEBENSKUNST

Ein Geheimnis der Lebenskunst

Ein großes Geheimnis der Lebenskunst
besteht darin, den ganzen Reichtum
eines schönen Augenblicks zu erkennen
und ihn tief in sich aufzunehmen.

Dies ist die Nahrung der Seele,
die den Hunger der Sehnsucht stillt:
der ganz erkannte, ganz gelebte
und geliebte Augenblick, der das Herz erfüllt,
den Körper entspannt und die Seele beglückt.

LEBE DAS EIGENTLICHE

Mache dein Leben wesentlicher.
Reduziere die Zeit,
die du hohlen Gewohnheiten
oder sinnlosen Ablenkungen widmest.
Schränke unbefriedigende Aktivitäten
so weit wie möglich ein.
Mache jeden Tag zu etwas Besonderem.
Fülle ihn mit Sinn, Musik, Schönheit,
mit Poesie, Phantasie und Lebensfreude.

Besinne dich auf das Eigentliche!
Und du wirst spüren,
wie das Eigentliche sich auf dich besinnt.

DER WEG ZUR GLÜCKSELIGKEIT

Ein Suchender fragte einen alten Mann, dem alle nachsagten, daß er bleibendes Glück gefunden habe: „Was ist Glückseligkeit?"

„Sie ist das höchste Ziel eines sinnvollen Lebens", war die Antwort.

„Und wo kann ich sie finden?"

„Glückseligkeit ist der innerste Kern deines Wesens. Du findest sie in der Mitte deiner Seele, wo Stille, Reinheit und Schönheit herrschen und wo alle Gedanken, alle Vorstellungen und alle Bilder, die du dir vom Leben und von dir selbst machst, nicht mehr existieren. Wo du dich vereinst mit dem reinen Leben. Dort liegt Glückseligkeit. Aber die wenigsten Menschen finden auf direktem Weg zu ihr."

„Wie hast du sie gefunden?" fragte der Suchende.

„Als junger Mann suchte ich das Vergnügen, bis ich merkte, daß ich dadurch zu seinem Sklaven wurde. Als ich älter wurde, suchte ich das Glück, bis mir bewußt wurde, wie kurzlebig es ist. Kaum hat man es erreicht, läßt seine Wirkung schon nach. In meinen mittleren Jahren suchte ich nach der Freude, die in mir lebt, und wurde unabhängig von nach außen gerichteten Wünschen und Sehnsüchten. Doch etwas fehlte immer noch. Etwas zog mich zu sich hin – über die Grenzen der Freude hinaus, ganz tief in sich hinein. Und das war die Glückseligkeit, mein tief verborgenes, seelisches Erbe. Seit ich sie gefunden habe, fehlt mir nichts mehr. Vielleicht wirst du den gleichen oder einen ähnlichen Weg gehen müssen. Denn oft findet man erst, was man wirklich sucht, wenn man herausgefunden hat, was man nicht sucht. Meine Worte können dich nicht zur Glückseligkeit führen. Das kannst nur du allein."

INNERE WEISHEIT

Es gibt eine Intelligenz in uns
jenseits der Verstandesgrenzen,
eine grenzenlose innere Weisheit,
die unser Leben erleuchtet,
wenn wir uns ihr anvertrauen.

Wir finden sie nur
in der unmittelbaren Gegenwart,
im Hier und Jetzt.

Sie ist immer da,
sie ist das wahre Leben.

MERKMALE HÖCHSTER WEISHEIT

„Wie finde ich die höchste Weisheit?"
fragte ein Schüler einen Weisen.
„Indem du nicht nach ihr suchst", war
die Antwort.
„Was soll ich denn dann tun?"
„Öffne dich für sie! Mach deine Seele
zu einem leeren Raum, damit die
höchste Weisheit ihn erleuchten kann."
„Und wie erkenne ich, daß es die
höchste Weisheit ist, die in den leeren
Raum meiner Seele strömt?"
„Du erkennst es daran, daß dein
Mund zu lächeln beginnt. Daß deine
Augen sich schließen. Daß dein Herz
sich freut und deine Seele in tiefem
und wunschlosem Frieden leuchtet."

ANPASSUNG

Entferne das Entbehrliche
und konzentriere dich auf das Wesentliche.
Erkenne das Eigentliche.
Erkenne dich und akzeptiere deine Natur,
dein Wesen, deine Persönlichkeit.
Wenn du einen schlechten Weg
sicher als solchen erkannt hast,
scheue dich nicht, ihn von heute
auf morgen zu verlassen
und einen besseren Weg zu finden.

Passe deine Persönlichkeit
nicht dem Leben an,
sondern passe dein Leben
deiner Persönlichkeit an.

DIE EINSTELLUNG ENTSCHEIDET

Die einfachsten Wahrheiten
sind oft die besten.
Manche sagen, sie seien banal,
aber das ändert nichts an ihrer Wirksamkeit.

Beginne jeden Tag
mit einer zuversichtlichen Einstellung,
auch wenn du schlecht
oder nicht lange genug geschlafen hast.
Auch wer schlecht startet,
kann noch gut ans Ziel kommen.
Gib niemals den Tag vor dem Abend auf.
Das mag simpel klingen,
dennoch ist es eine
der besten Regeln der Lebenskunst,
denn die Einstellung entscheidet weitgehend
über Erfolg oder Mißerfolg.

Wie du dem Tag begegnest,
so begegnet er dir.

DIE GEDANKEN UND DIE INNERE STIMME

„Wie wichtig ist die Meinung anderer Menschen über uns für unser eigenes Glück?" fragte ein nachdenkliches Mädchen seinen Vater.

„Für unser Glück ist sie nicht so wichtig, wie viele glauben", antwortete er. „Die allermeisten Menschen machen sich ohnehin falsche Bilder von dir. Allein schon deshalb ist ihre Meinung über dich nicht so wichtig."

„Aber es ist doch ärgerlich und auch traurig, wenn andere Menschen falsch über mich denken."

„Nur wenn du dich darüber ärgern oder traurig sein willst. Für dein Glück ist entscheidend, was du über dich selbst denkst."

„Aber manchmal zweifle ich an meinen Gedanken. Was soll ich dann tun?"

„Höre immer auf deine innere Stimme!" sagte der Vater. „Jeder Mensch hat eine innere Stimme. Du kannst sie hören, wenn du es ganz still in dir werden läßt. Was sie dir sagt, ist immer richtig."

„Was ist denn der Unterschied zwischen meinen Gedanken und meiner inneren Stimme?"

„Der Unterschied liegt in der Quelle. Deine Gedanken kommen aus deinem Verstand. Deine innere Stimme kommt aus der Tiefe deiner Seele. Die Gedanken reden gern laut und unruhig. Die innere Stimme spricht immer leise und sanft. Die Gedanken hinterlassen immer eine Spur von Zweifel. Die innere Stimme gibt dir vollkommene Gewißheit."

„Warum hat die innere Stimme immer recht?" fragte das Mädchen.

„Weil die Seele viel tiefer sieht als der Verstand. Weil sie viel höher fliegt als er. Die Seele betrachtet das Leben von einer höheren Warte als der Verstand, auch wenn er das nicht wahrhaben will. Er hat schon viele Menschen von dem guten Weg abgebracht, auf den ihre Seele sie führen wollte."

„Dann werde ich lernen, meine innere Stimme von meinen Gedanken zu unterscheiden", sagte das Mädchen.

„Das ist eine der wichtigsten Aufgaben überhaupt. Deine Seele ist die Meisterin deines Lebens. Ihr mußt du folgen – immer. Der Verstand ist nur ein Diener, der gern Meister wäre. Ihn mußt du benutzen, aber du darfst dich nie von ihm benutzen lassen."

DER WEG DER LEBENSKUNST

Alles ist vergänglich,
das Glück wie das Leid,
die Freuden wie die Sorgen,
der Schmerz wie die Lust.

Lebenskunst beginnt dort,
wo ich mein Leid,
meine Sorgen und meinen Schmerz
im Wissen um ihre Vergänglichkeit betrachte
und ihnen damit
viel von ihrer Macht über mich nehme.
Sie geht dort weiter,
wo ich mein Glück,
meine Freuden und meine Lust
ganz und gar auskoste,
gerade weil ich mir
ihrer Vergänglichkeit bewußt bin.
Sie endet erst dort,
wo ich mein Vertrauen
ins Leben aufgebe.

EINE SELTENE GABE

Weisheit ist eine seltene Gabe,
von Natur aus frei.
Sie läßt sich in
keinen Dienst stellen,
verschenkt sich,
wenn ihr danach ist,
erwartet keinen Lohn,
ist ihre eigene Belohnung.

OHNE WENN UND ABER

Eine unruhige junge Frau fand den Weg zu einem Meister der Weisheit und fragte ihn geradeheraus: „Warum bin ich so oft unzufrieden und unglücklich?"

„Weil du nicht im Hier und Jetzt lebst", sagte er. „Weil du ständig abschweifst, in die Zukunft oder in die Vergangenheit, aber nicht im gegenwärtigen Augenblick aufgehst. Weil du innerlich so unruhig und haltlos bist wie dein Blick, der überall im Zimmer umherspringt, anstatt auf meinem Gesicht zu ruhen, wie mein Blick auf deinem Gesicht ruht. Gib deine Flucht auf und komm endlich zur Ruhe! Wenn du mit ganzer Seele in der Gegenwart lebst, wenn du ihre Luft atmest, ihre Stille und ihren Frieden spürst, dann wird es sehr schwierig für dich, weiterhin unzufrieden und unglücklich zu sein."

„Aber ich bin so unruhig, daß ich keine Stille und keinen Frieden in mir spüre", klagte die Frau.

„Es gibt auf jeden guten Rat ein Aber", sagte der Meister.

„Wenn ich versuche, im Hier und Jetzt zu sein, zerren mich meine Ängste und Sorgen immer daraus fort."

„Es gibt auf jeden guten Rat ein Wenn", sagte der Meister.

„Schade, ich hatte gehofft, daß du mir helfen würdest", beklagte sich die junge Frau und stand auf, um zu gehen.

„Es ist unmöglich, einem Menschen zu helfen, der sich nicht helfen lassen will. Der verliebt ist in seine Wenns und Abers. Komm erst dann wieder zu mir, wenn du genug hast von deinen Wenns und Abers. Wenn du sie als das erkannt hast, was sie sind: Masken deiner Bequemlichkeit. Du leidest noch nicht genug unter deiner Unzufriedenheit, unter deiner Unruhe, unter deinem Unglück. Wer wirklich bereit ist, sein Leben zu verbessern, der tut dies ohne Wenn und Aber."

„Aber…", sagte die Frau und legte erschrocken ihre Hand auf ihren Mund.

EINE BEFREIENDE KRAFT

Nimm dich selbst nicht so ernst,
wenn du mal einen
rabenschwarzen Tag erwischt hast,
an dem das Leben sich gegen dich
verschworen zu haben scheint.
Betrachte deine Situation
mit einem humorvollen Blick.
Und du wirst vielleicht sehen,
daß die Lage gar nicht so ernst –
und der Tag noch nicht verloren ist.

Humor, der vor der eigenen Person
nicht haltmacht, ist eine befreiende Kraft.
Wenn du über dich selbst schmunzeln
oder lachen kannst, wirst du auch
einem schlechten Tag sein Gutes abgewinnen.

HUMOR

Wer seinen Humor verliert,
verliert seine beste Waffe
im Umgang mit dem Ernst des Lebens.
Denn wichtiger noch
als die traurige Wahrheit
ist die Fähigkeit, über sie zu lachen –
und sei es nur, um ihr das Gift zu nehmen.

WENN ES ERNST WIRD

Das Geheimnis aller
Lebenskunst liegt darin,
das Leben nicht
zu ernst zu nehmen,
aber ernst genug,
wenn es ernst wird.

DIE KRAFT DER WEISHEIT

Es liegt eine Kraft
in der Weisheit,
die uns hilft,
durch das Chaos
des Lebens zu gehen,
ohne selbst chaotisch zu werden.

Was Lebenskunst heisst

Lebenskunst heißt,
das Leben so zu nehmen, wie es ist,
und ihm das Bestmögliche abzugewinnen.

Es heißt einerseits,
die Vergänglichkeit
und Ungewißheit zu akzeptieren,
und andererseits
seine Talente zu entfalten,
seinen Sehnsüchten zu folgen,
seine Wünsche zu verwirklichen –
oder dies zumindest zu versuchen,
mit der Zuversicht,
daß es gelingen wird.

WAS MAN BRAUCHT

„Wenn ich vor die Wahl gestellt werde, mich
für die Freiheit oder die Liebe zu entschei-
den: Was soll ich tun?" fragte ein junger
Mann seinen Onkel.

„Das wählen, was dir wichtiger ist."

„Beides ist mir gleich wichtig."

„Dann mußt du beides zugleich wählen."

„Und wenn es sich nicht miteinander verein-
baren läßt?"

„Dann mußt du lernen, es miteinander zu
vereinbaren. Was man braucht und nicht
findet, muß man sich erschaffen."

LEBENSWEISHEIT

Es gibt eigentlich
keine größere Weisheit,
als in jedem schönen Moment,
den das Leben uns schenkt,
so aufzugehen,
als sei es der letzte.

EIN MUSS

Man muß nicht weise sein,
um weise Gedanken zu haben.
Aber man muß weise sein,
um seine weisen Gedanken
in Leben umzusetzen.

Die Wichtigkeit des Mutes

Ein Abiturient, der sich im unklaren über seinen weiteren Lebensweg war, fragte bei der Abiturfeier seinen ehemaligen Lieblingslehrer, von dem er eine sehr hohe Meinung hatte: „Welchen Weg soll ich am besten durchs Leben gehen?"

„Am besten den besten", sagte der Lehrer und schmunzelte.

„Mein Vater erwartet von mir, daß ich seinem Beispiel folge, Medizin studiere und Arzt werde, was zweifellos ein sinnvoller Beruf ist. Mein Verstand sagt mir, daß mein Vater recht hat. Doch mein Gefühl wehrt sich mit Händen und Füßen dagegen."

„Treten Sie nicht in die Fußstapfen eines anderen Menschen, auch wenn es noch so verlockend sein mag", riet der Lehrer. „Lassen Sie sich von Ihrem Vater nicht Ihr Leben vorschreiben, selbst wenn er es noch so gut mit Ihnen meint. So einzigartig wie jeder Mensch ist, ist auch sein Lebensweg. Viele riskieren nicht, ihren ureigenen Weg zu suchen, sondern erfüllen lieber die Erwartungen ihrer Eltern und Lehrer oder gehorchen ihren Ängsten oder ihrer Vernunft. Daraus entstehen oft falsche Lebenswege, die in großes Unglück führen können. Ohne eine gute Portion Mut ist es unmöglich, die eigene Berufung zu finden und der eigenen Bestimmung zu folgen."

„Ich muß gestehen, daß ich ein vorsichtiger Mensch bin",
sagte der junge Mann. „Sicherheit bedeutet mir viel. Es
heißt zwar: Wer nicht wagt, der nicht gewinnt. Aber
ebenso wahr ist doch: Wer nicht wagt, der nicht verliert."
„Alle Münzen haben zwei Seiten, auch die Münze der
Vorsicht. Sie kann vor Schlechtem schützen, aber sie
kann auch Gutes verhindern. Seien Sie mutig und seien
Sie ehrlich, vor allem zu sich selbst. Bedenken Sie, daß
es im Leben keine Sicherheit gibt, aber unheimlich viel
Angst, sie zu verlieren. Lassen Sie sich nicht von dieser
Angst verrückt machen, suchen Sie lieber den Sinn Ihres
Lebens. Niemand kann das auch nur annähernd so gut
wie Sie selbst. Trauen Sie sich etwas zu! Wer immer nur
auf Nummer Sicher geht, dem kann sehr viel verloren
gehen!"
Der junge Mann war sprachlos, denn er hatte das Gefühl,
daß sein ehemaliger Lehrer ihm aus der Seele gesprochen
hatte. Er fühlte sich von seinen Worten ermutigt und
spürte, daß sie etwas in ihm in Bewegung setzten, das
schon lange auf diesen Anstoß gewartet hatte.

DER AUTOR

Hans Kruppa ist einer der meistgelesenen deutschen Dichter, Aphoristiker und Märchenautoren. Er lebt als freier Schriftsteller in Bremen.

Seine Gedichte und Romane, Aphorismen und Erzählungen, Märchen und Geschichten sind in mehr als hundert Büchern mit einer Gesamtauflage von über zwei Millionen erschienen. Für sein literarisches Werk wurde er mit dem New Yorker Otto-Mainzer-Preis ausgezeichnet.

„Kaum ein deutscher Autor ist so vielseitig und erfolgreich wie Hans Kruppa. Ob er Liebeslyrik verfasst, Märchen erzählt oder Romane schreibt, jedesmal fließt viel Herzblut in seine Arbeit mit ein." (Visionen)

„Er vermittelt durch seine Arbeiten Hoffnung, Lebensbewältigung, Kraft. Und das macht ihn so wichtig." (Passauer Neue Presse)

„Diese Worte schenken Wärme in einer kalten Zeit." (Stuttgarter Nachrichten)

Mehr Informationen: www.hans-kruppa.de

Das Buch

Goldene Weisheiten zu den großen Themen des Lebens: Hans Kruppa findet sie mit intuitiver Sicherheit. Seine zeitlosen Weisheitsgeschichten, Gedichte und Gedanken sind berührend und feinsinnig. Sie treffen ins Herz der Dinge und bieten vielfältige Inspiration. Tiefsinn und Leichtigkeit verbinden sich in der pointierten Sprache des Dichters zu einem Leseerlebnis, das Genuß, Denkanstöße und Lebenshilfe spielerisch miteinander verbindet. Scheinbar mühelos zieht Hans Kruppa den Leser in den Bann, spricht ihm aus der Seele, bereichert und ermutigt ihn. Mit kleinen Texten stellt er große Lebensfragen, deren oft überraschende Antworten der Leser in sein eigenes Leben aufnehmen und wirken lassen kann.

„Glück ist der Blick hinter den Schleier der gewohnten Wahrnehmung, der Blick hinter die Kulissen des Alltäglichen, der Blick ins Herz des Lebens", heißt es in einer der Geschichten des Autors, der in diesem Sinn Glück zu schenken hat.

„Manchmal versteckt sich das Große im Kleinen, das Wunderbare im Alltäglichen, das Reizvolle im scheinbar Unscheinbaren. Du mußt es nur entdecken", ist eine weitere Botschaft des Autors, dessen tiefsinnige Geschichten, phantasievolle Gedichte und treffsichere Gedanken den Blick auf das lenken, was im Leben wirklich zählt.

Dieses Buch ist eine Entdeckungsreise, an deren Ende der Leser nicht mehr derselbe ist, der er am Anfang war.